I0409374

this book belongs to:

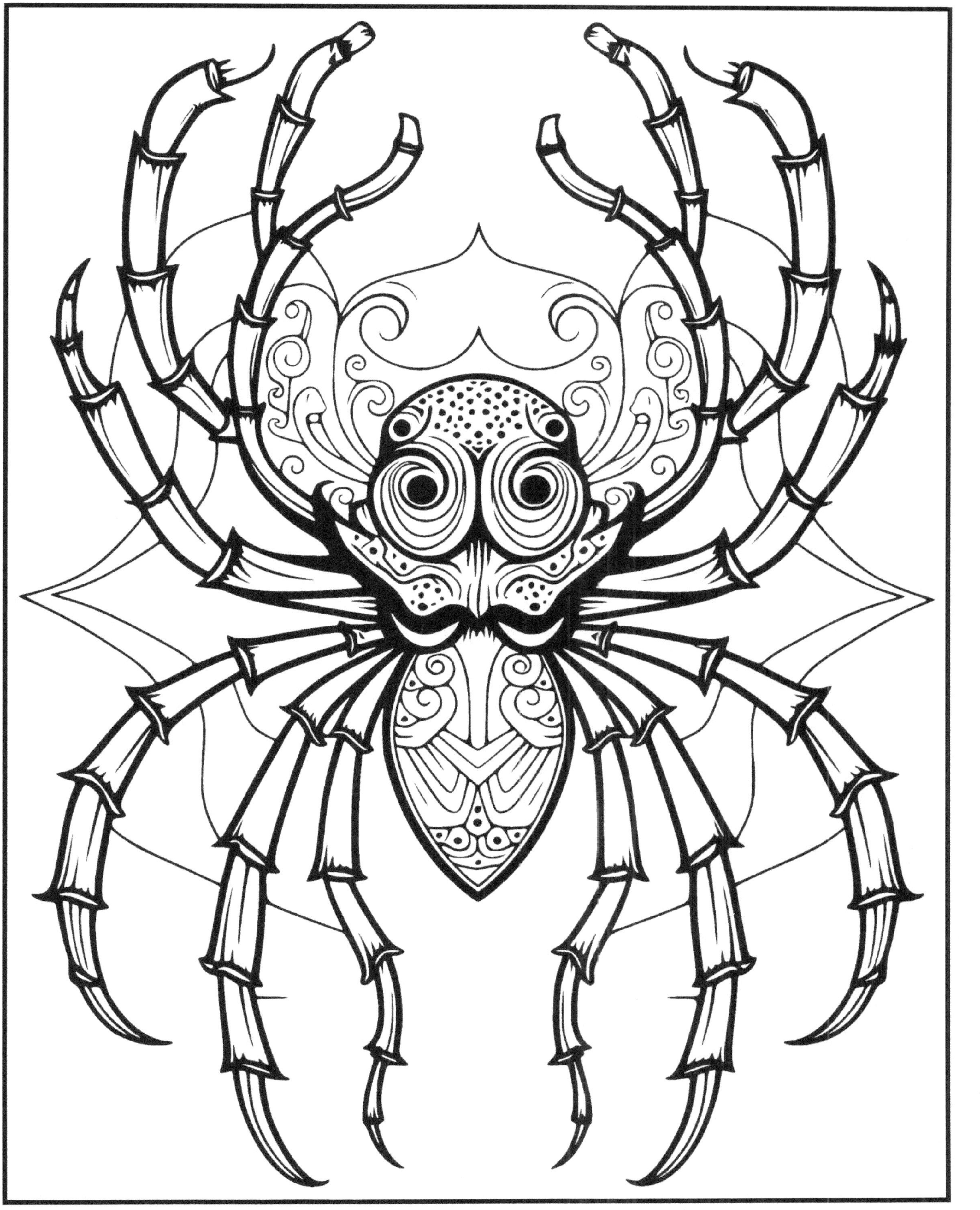

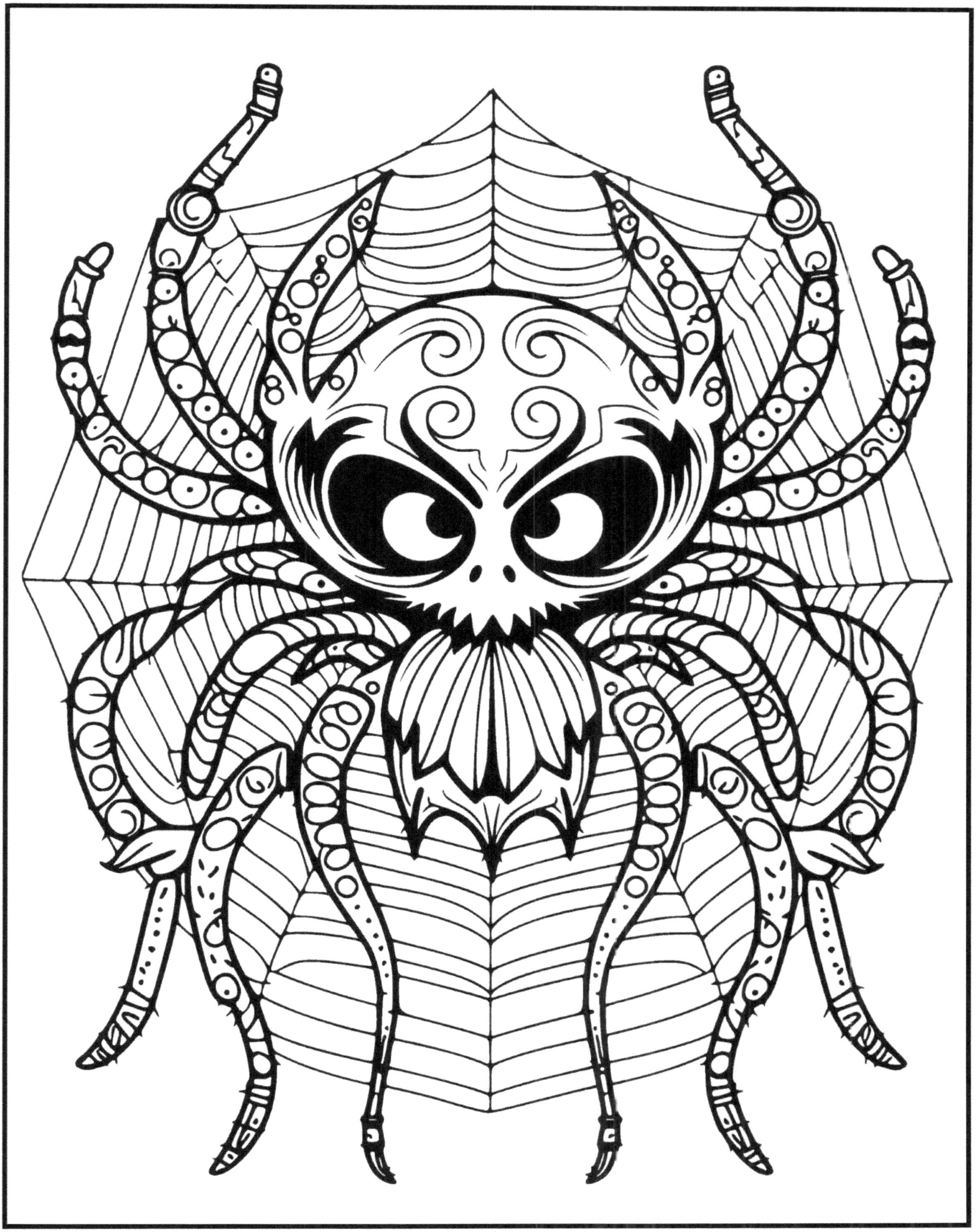

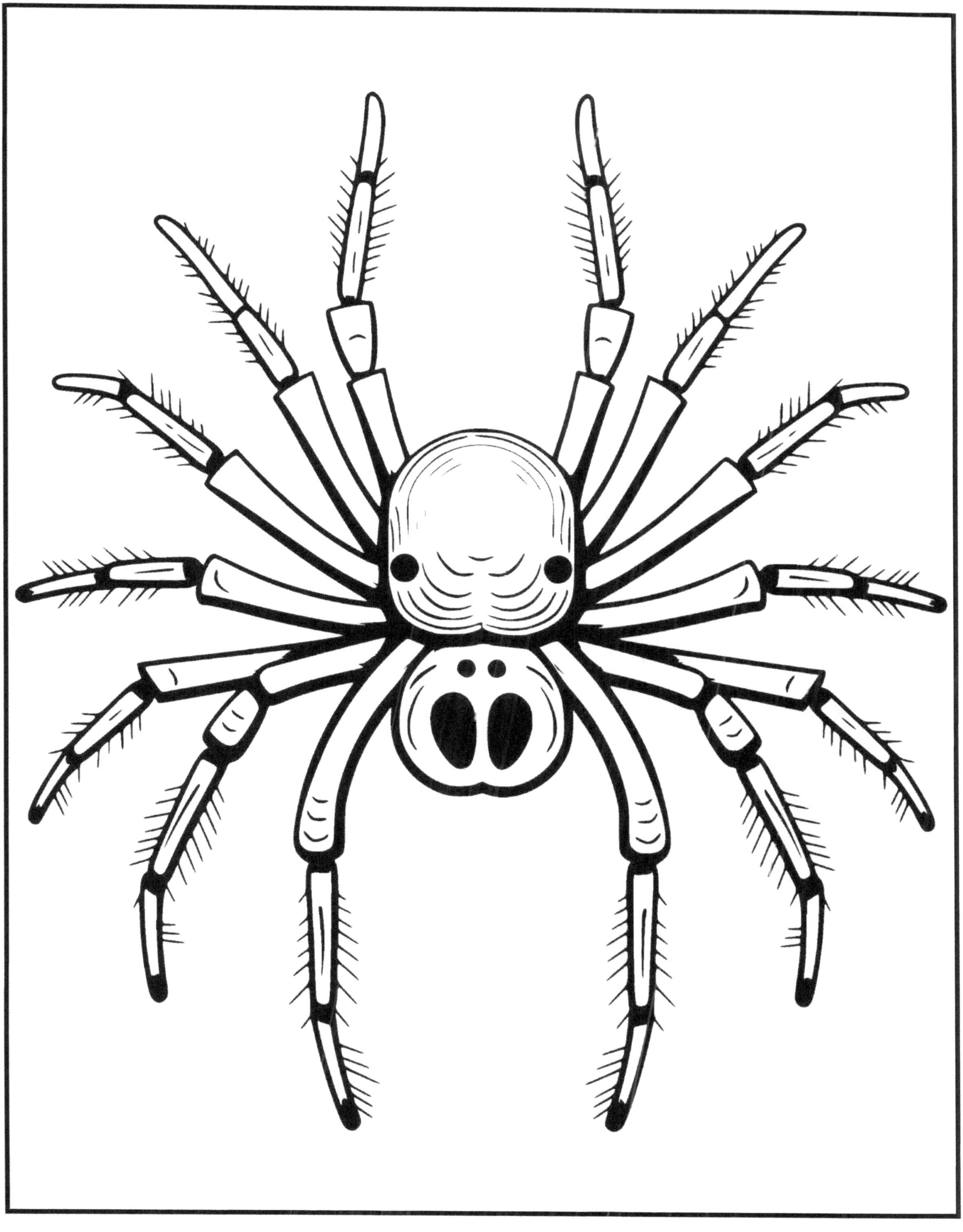

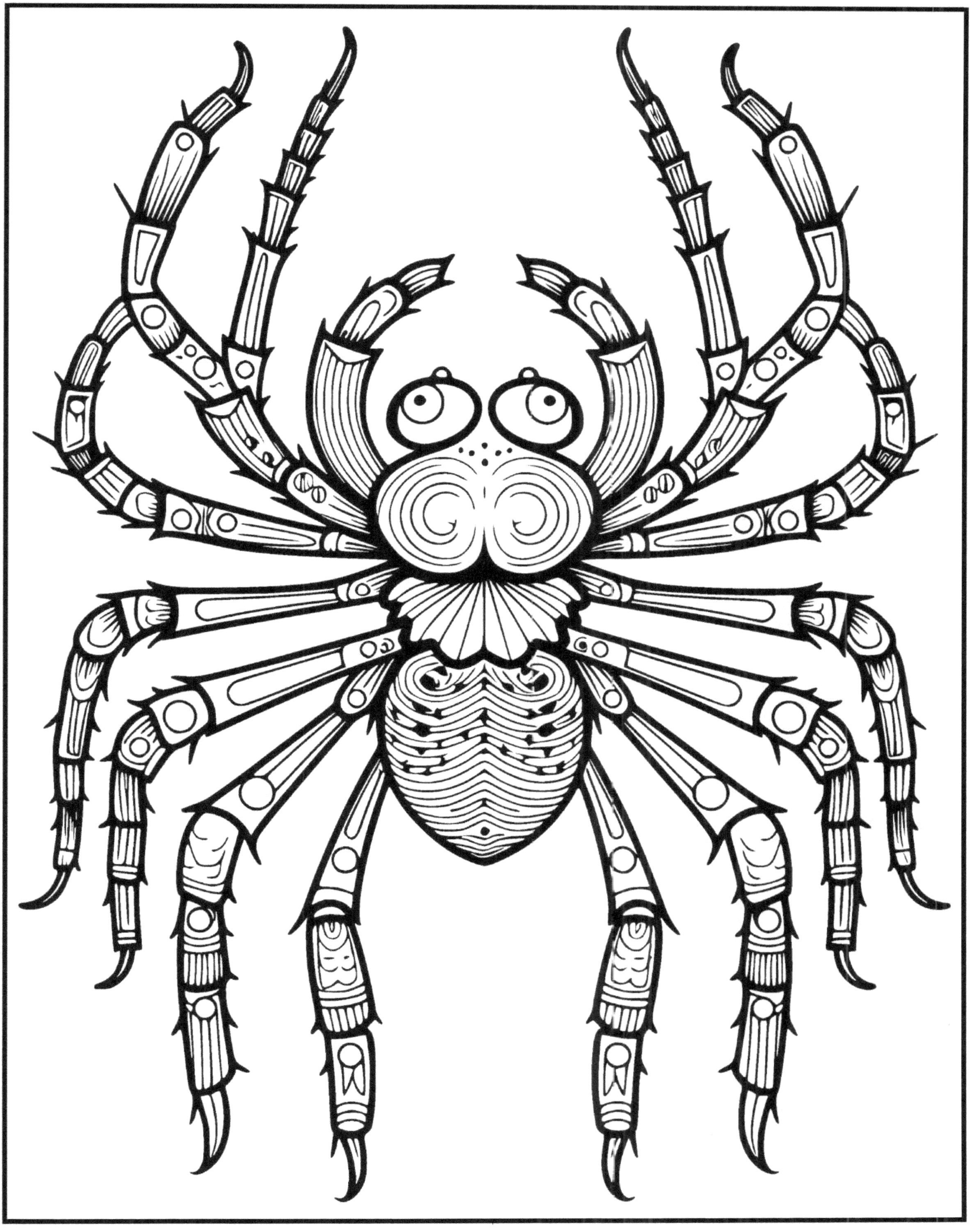

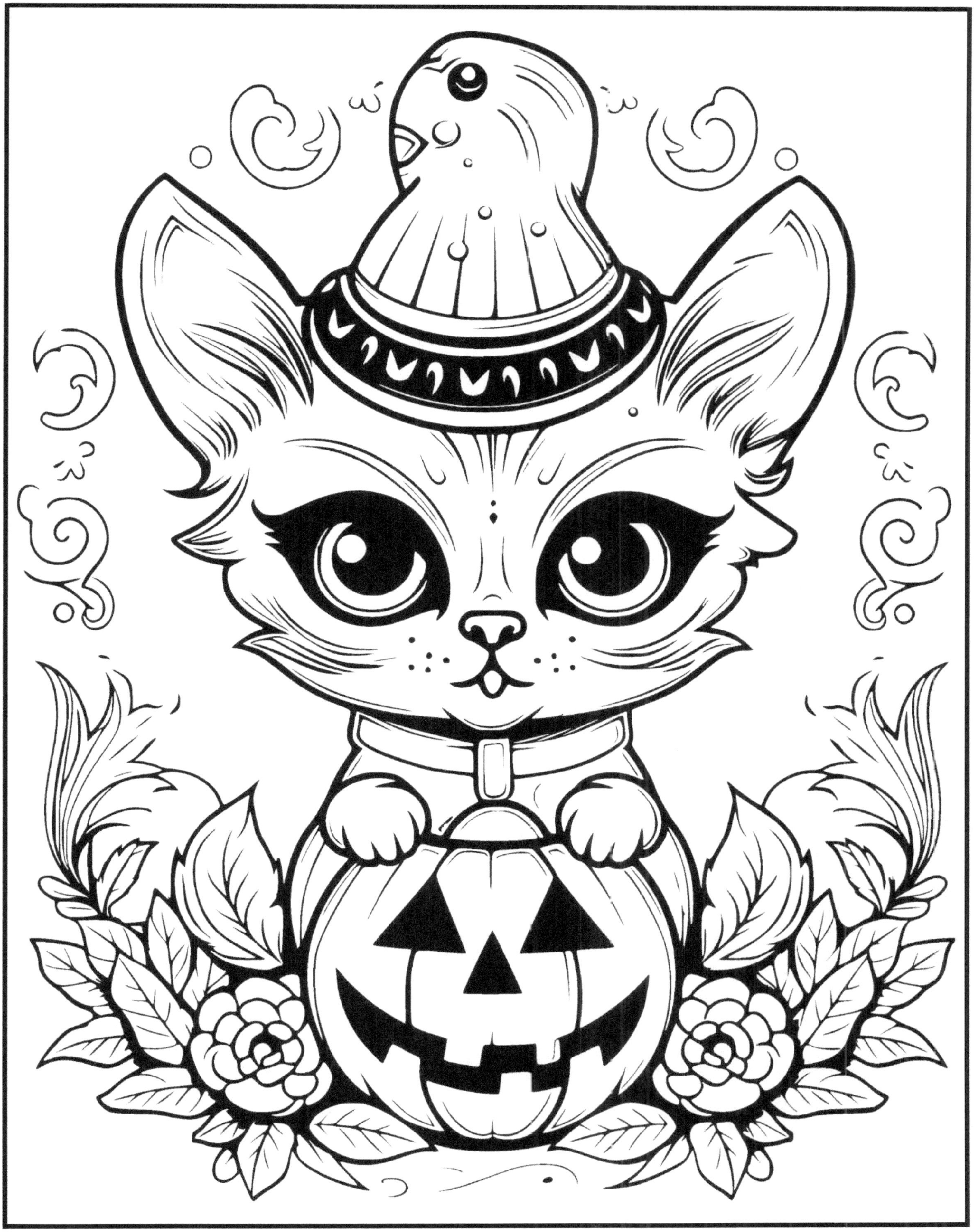

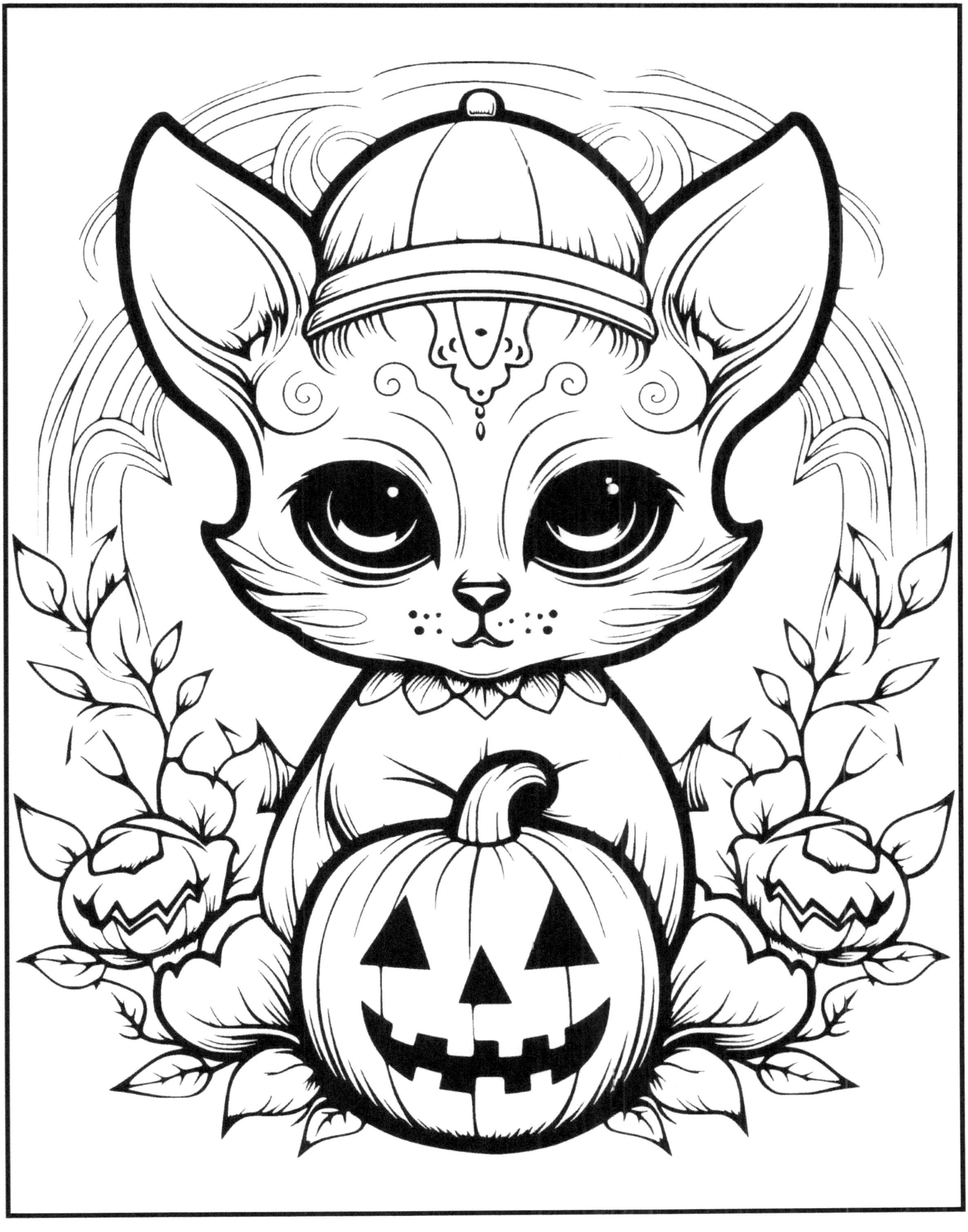

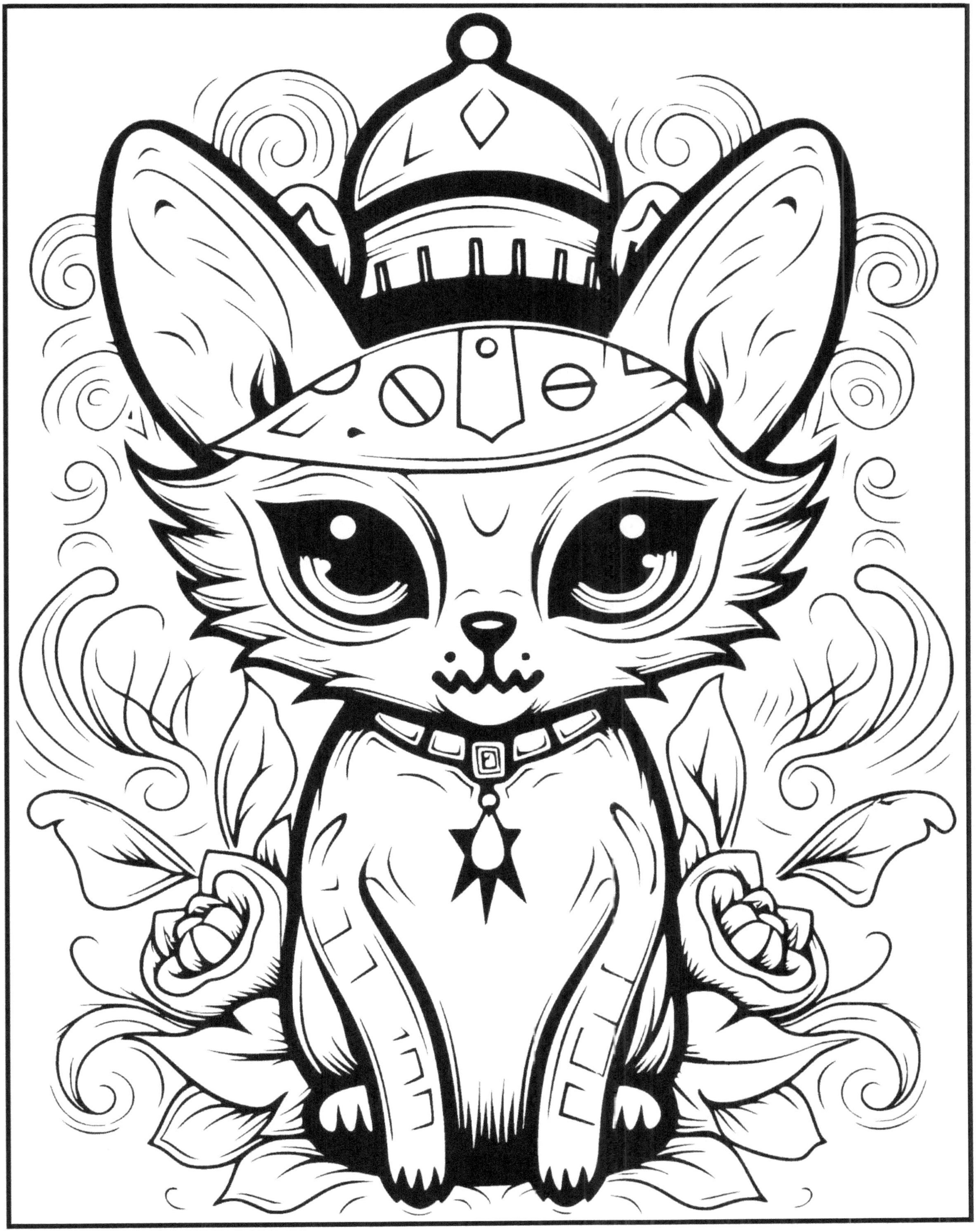

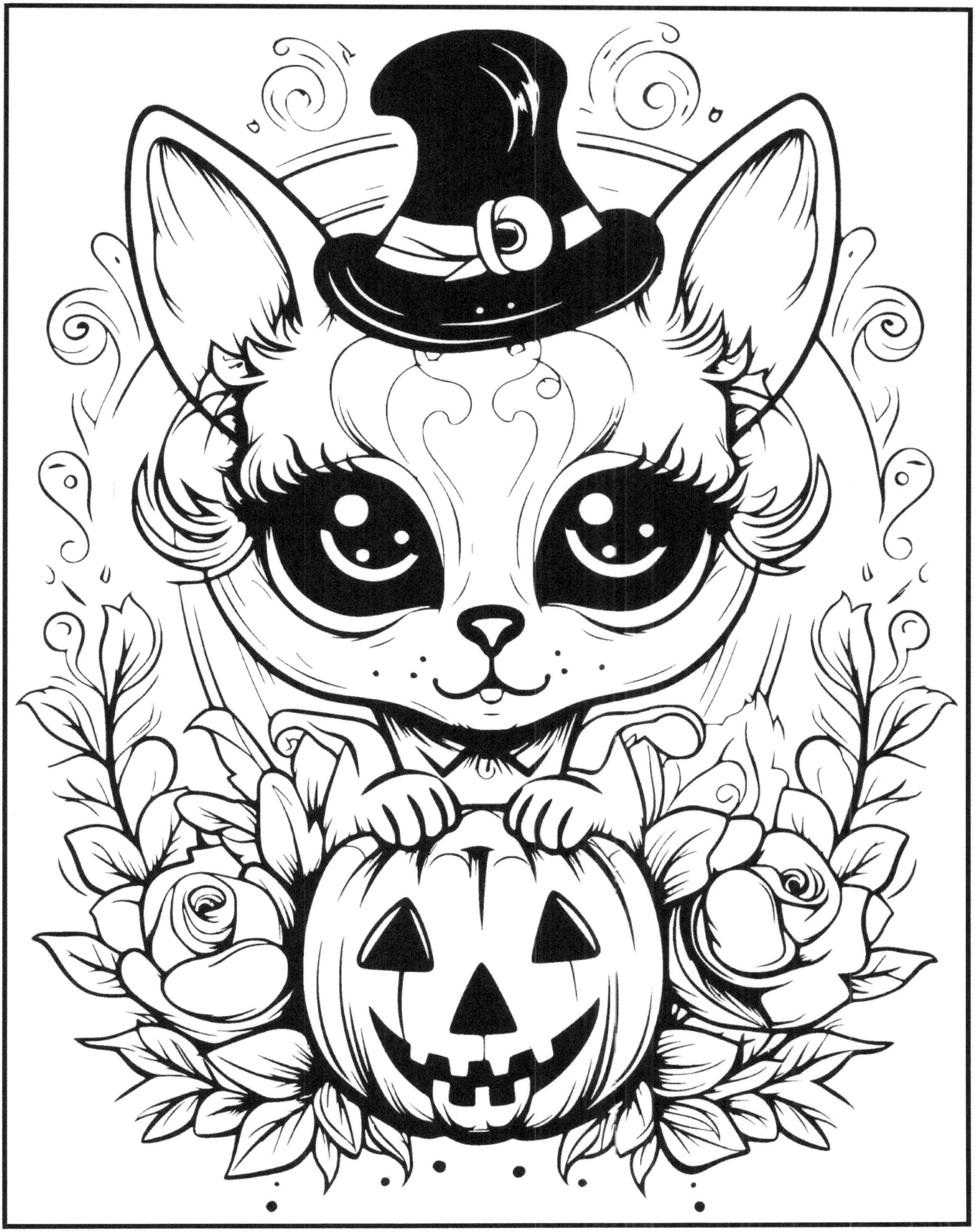

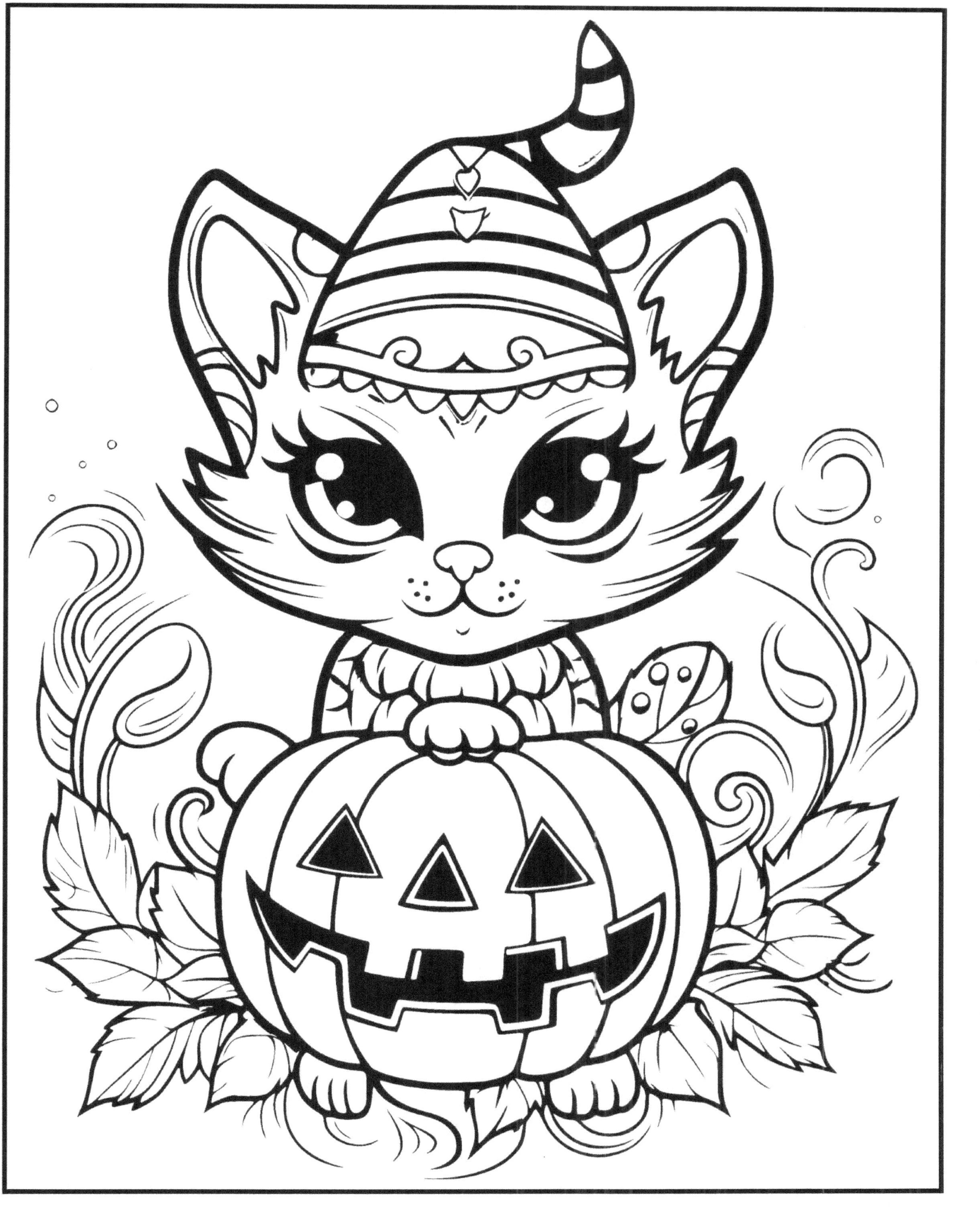

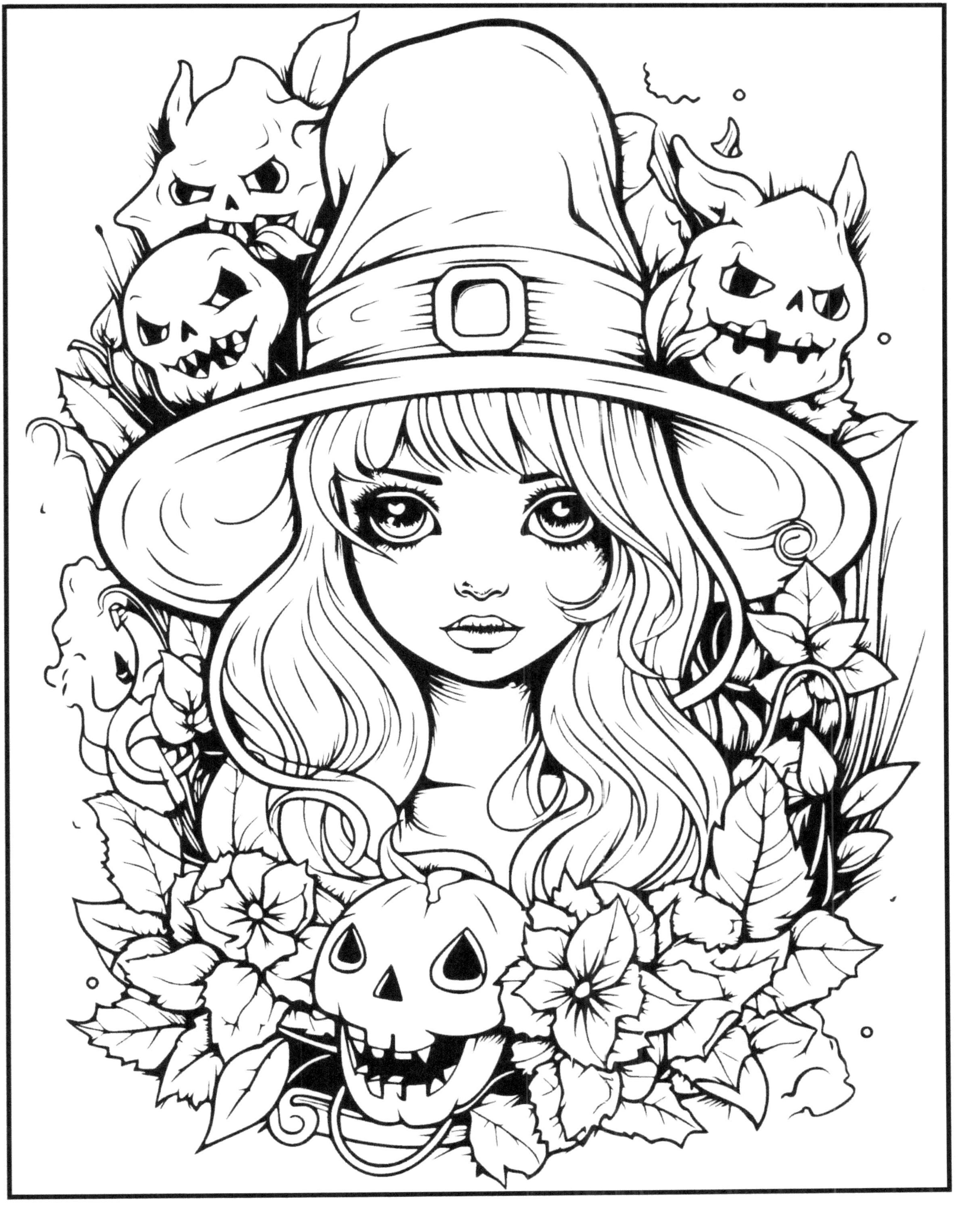

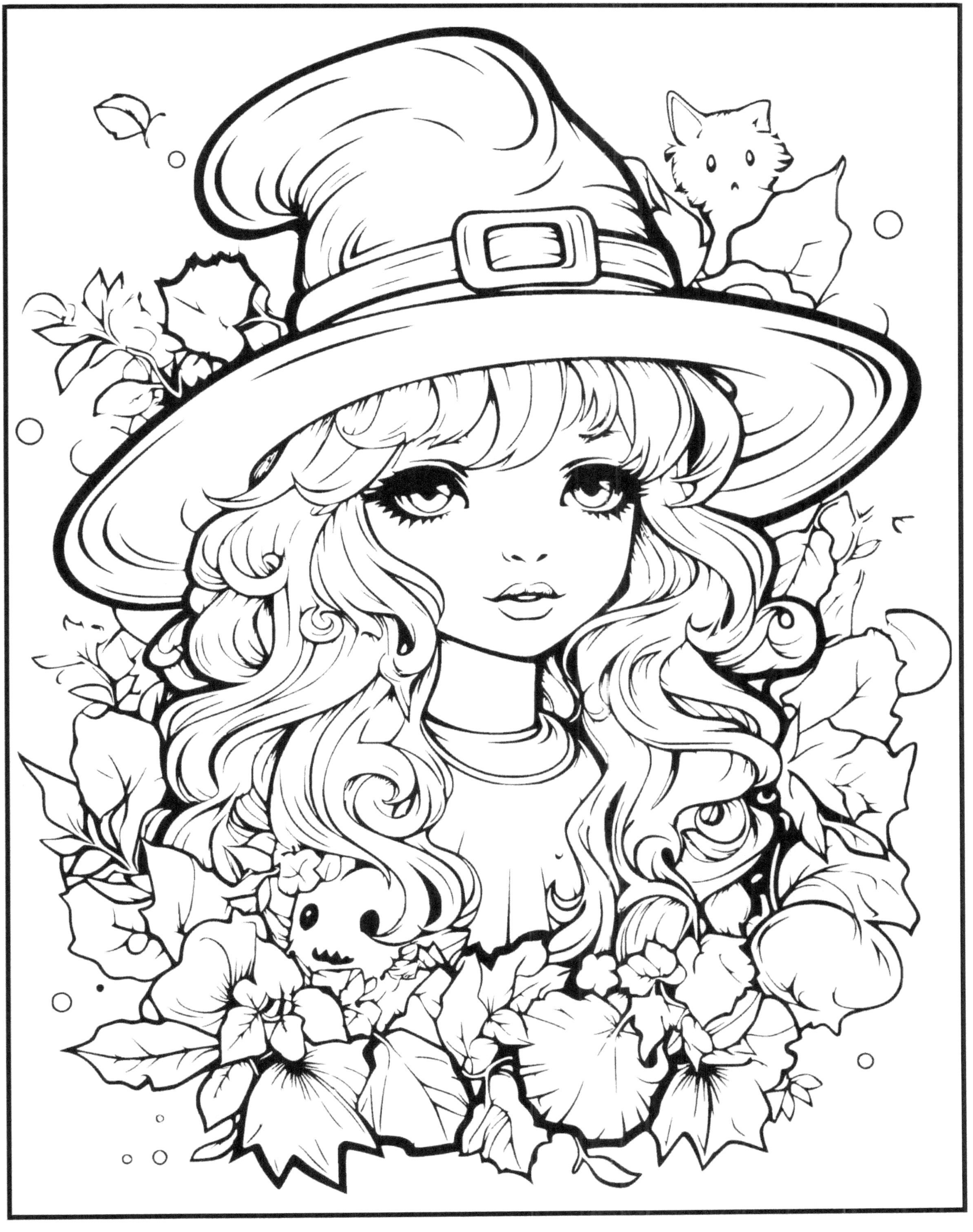

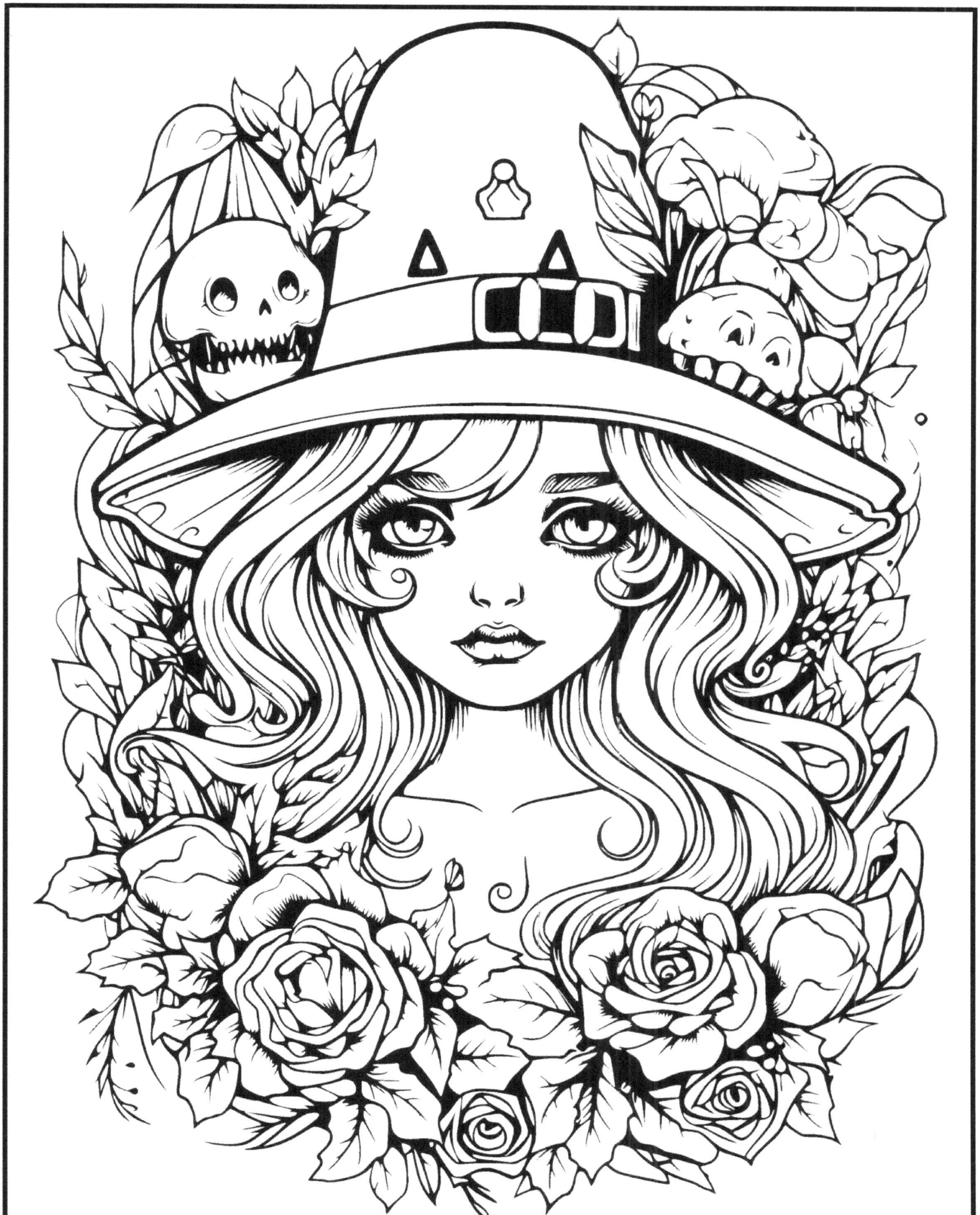

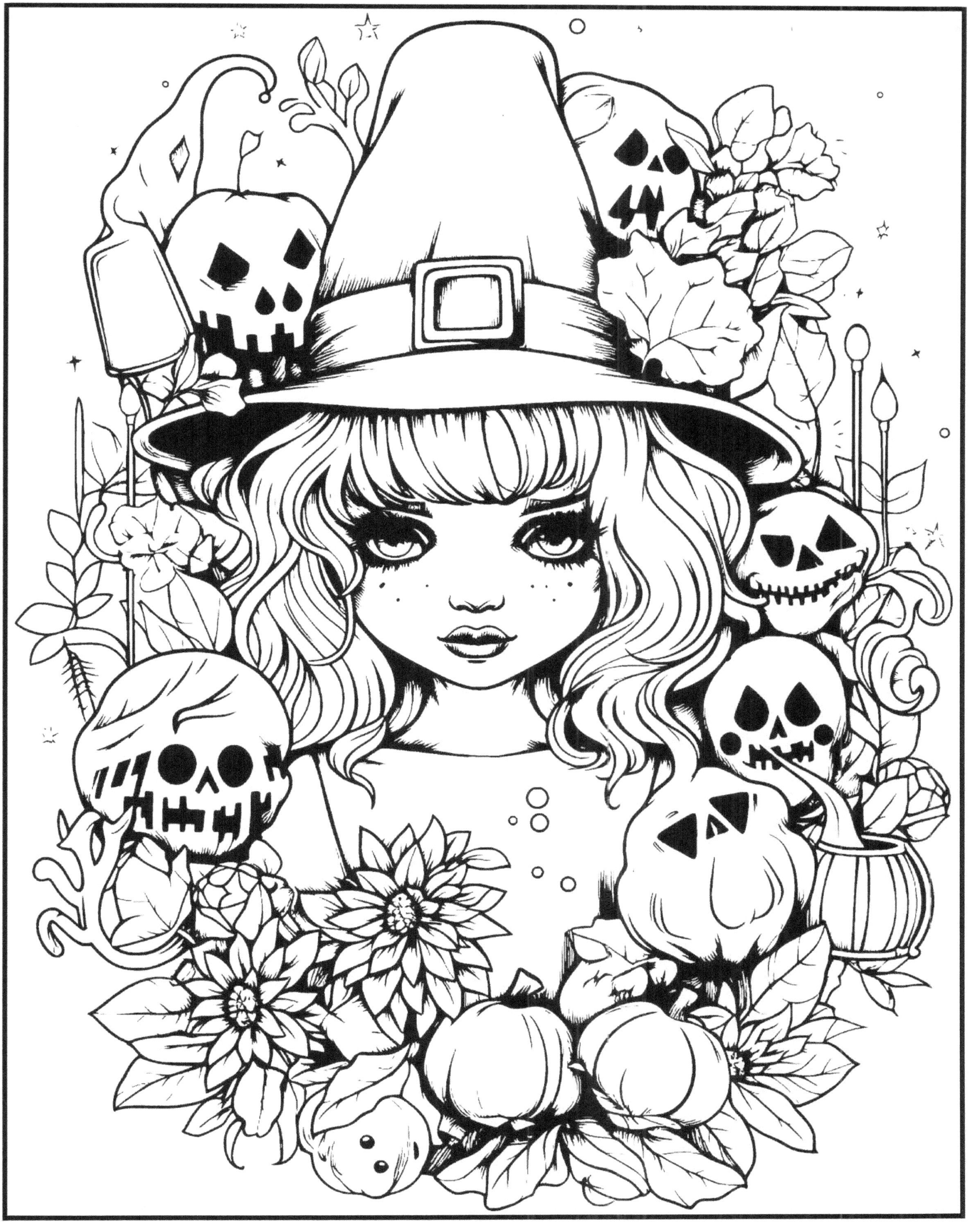

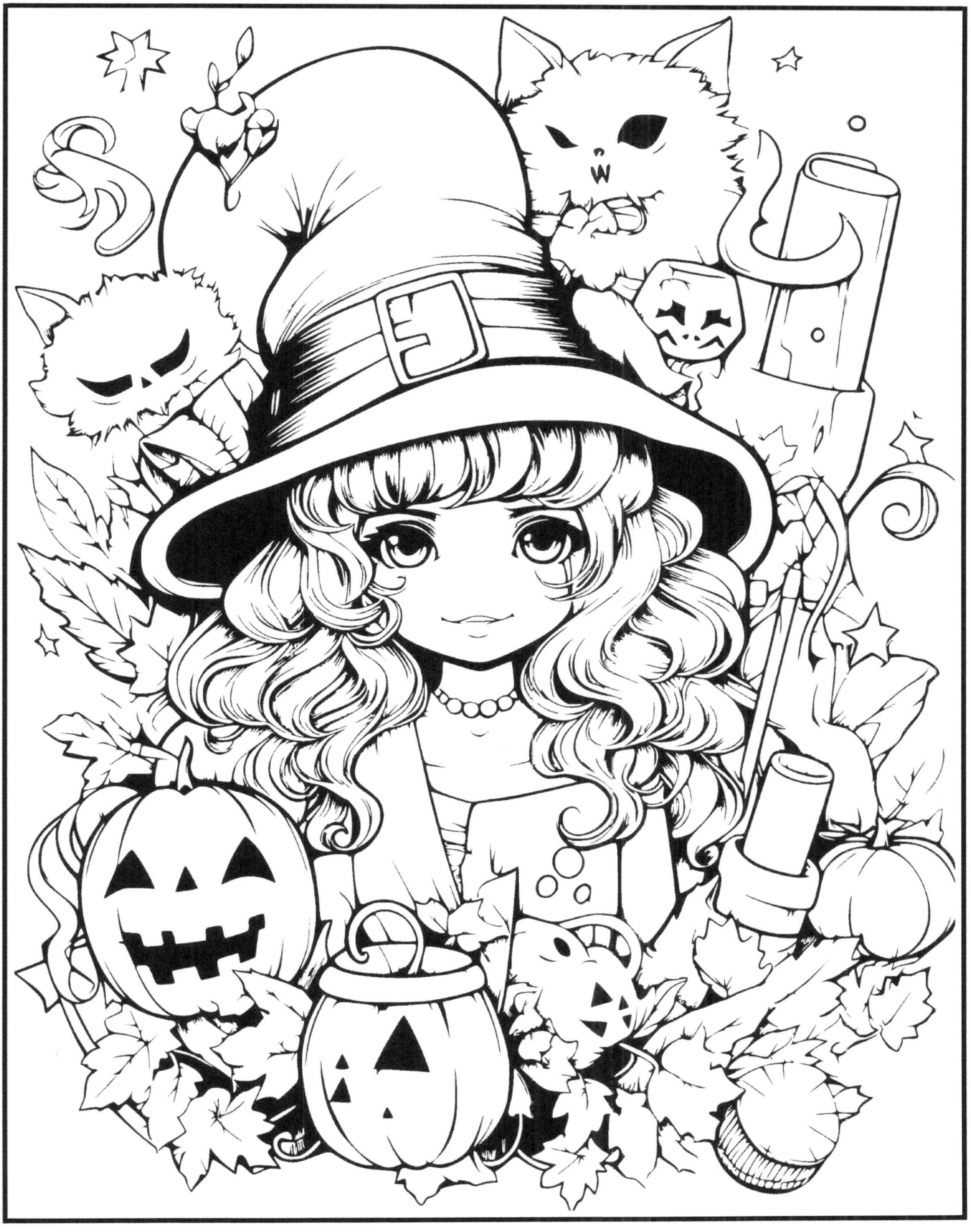

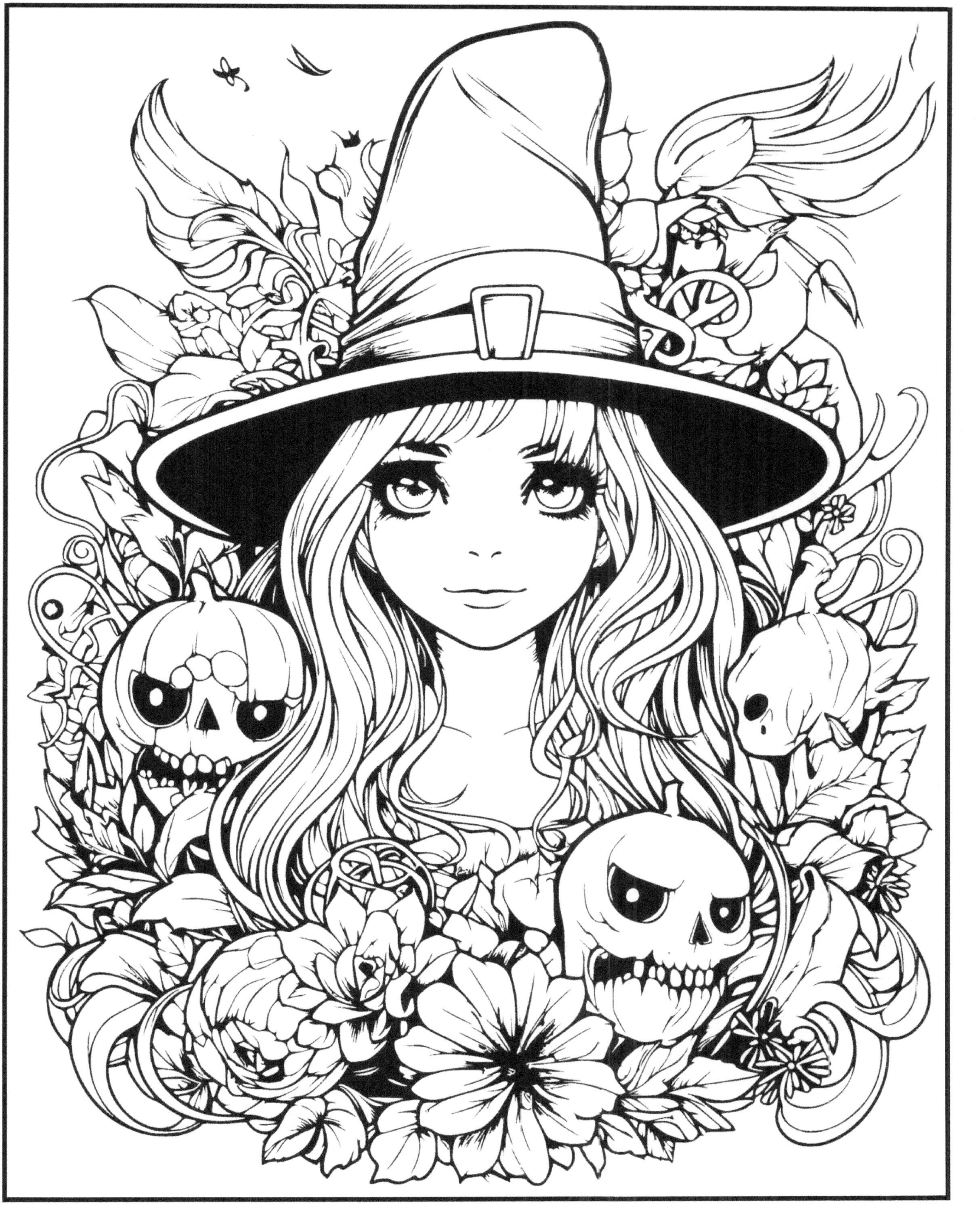

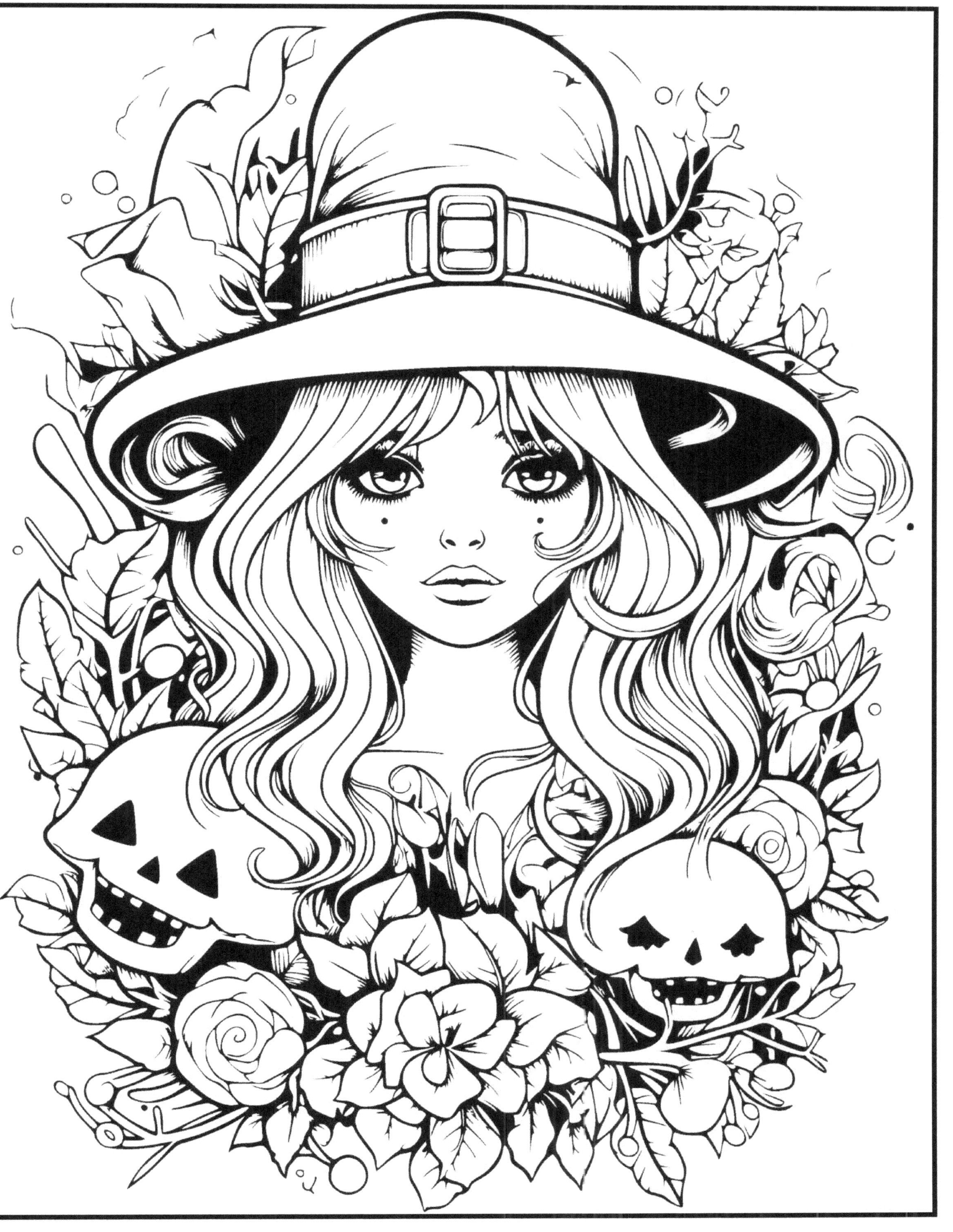

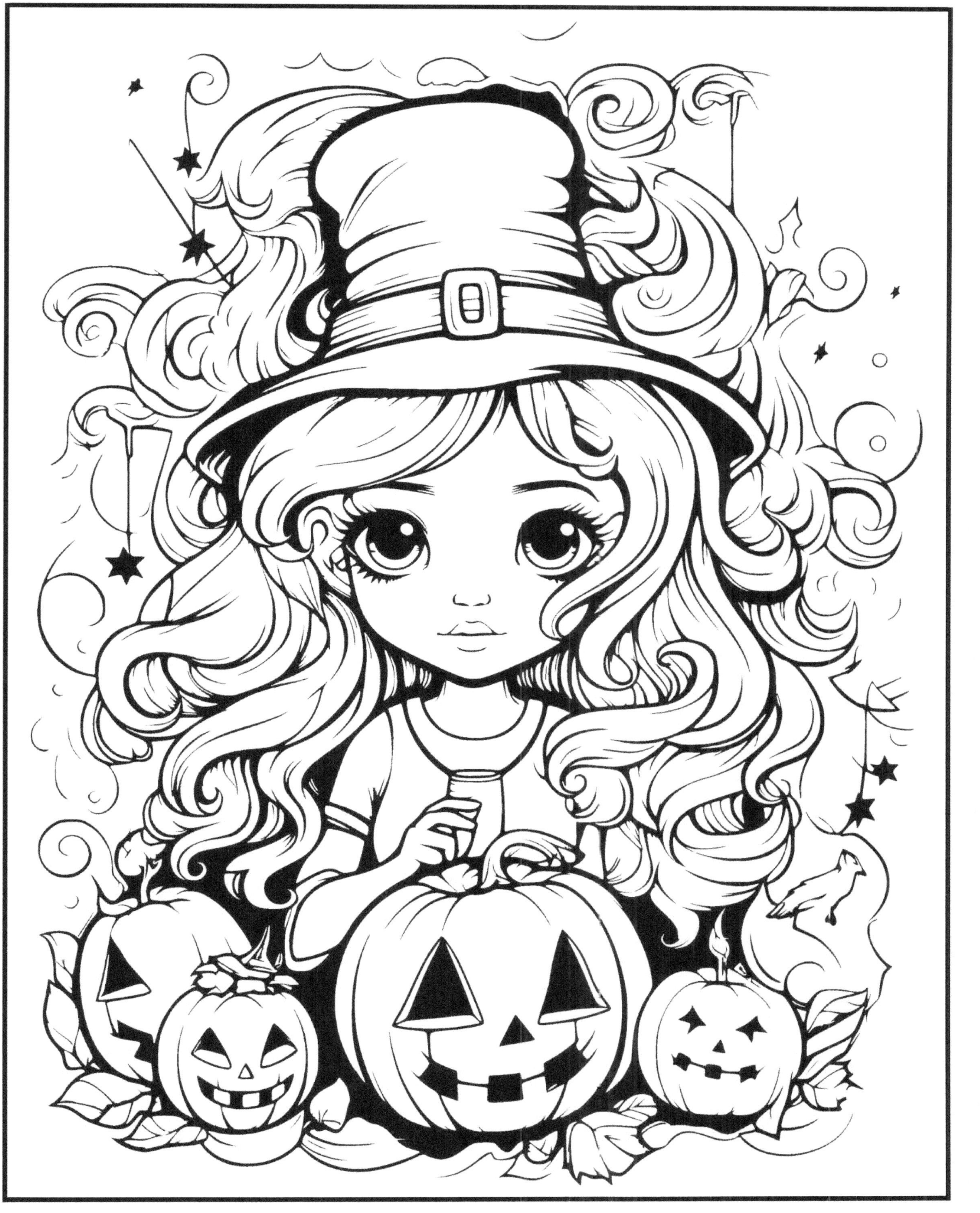

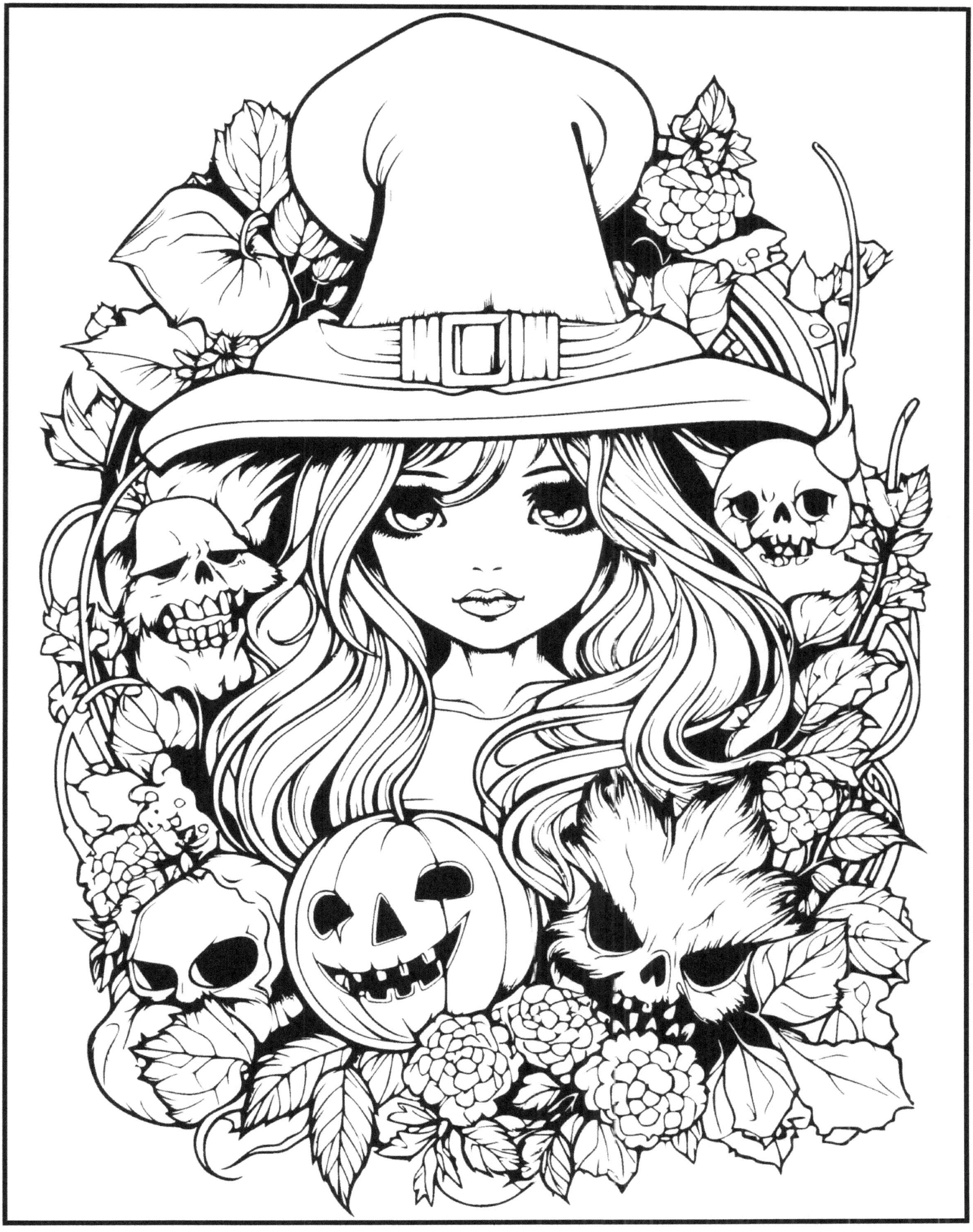

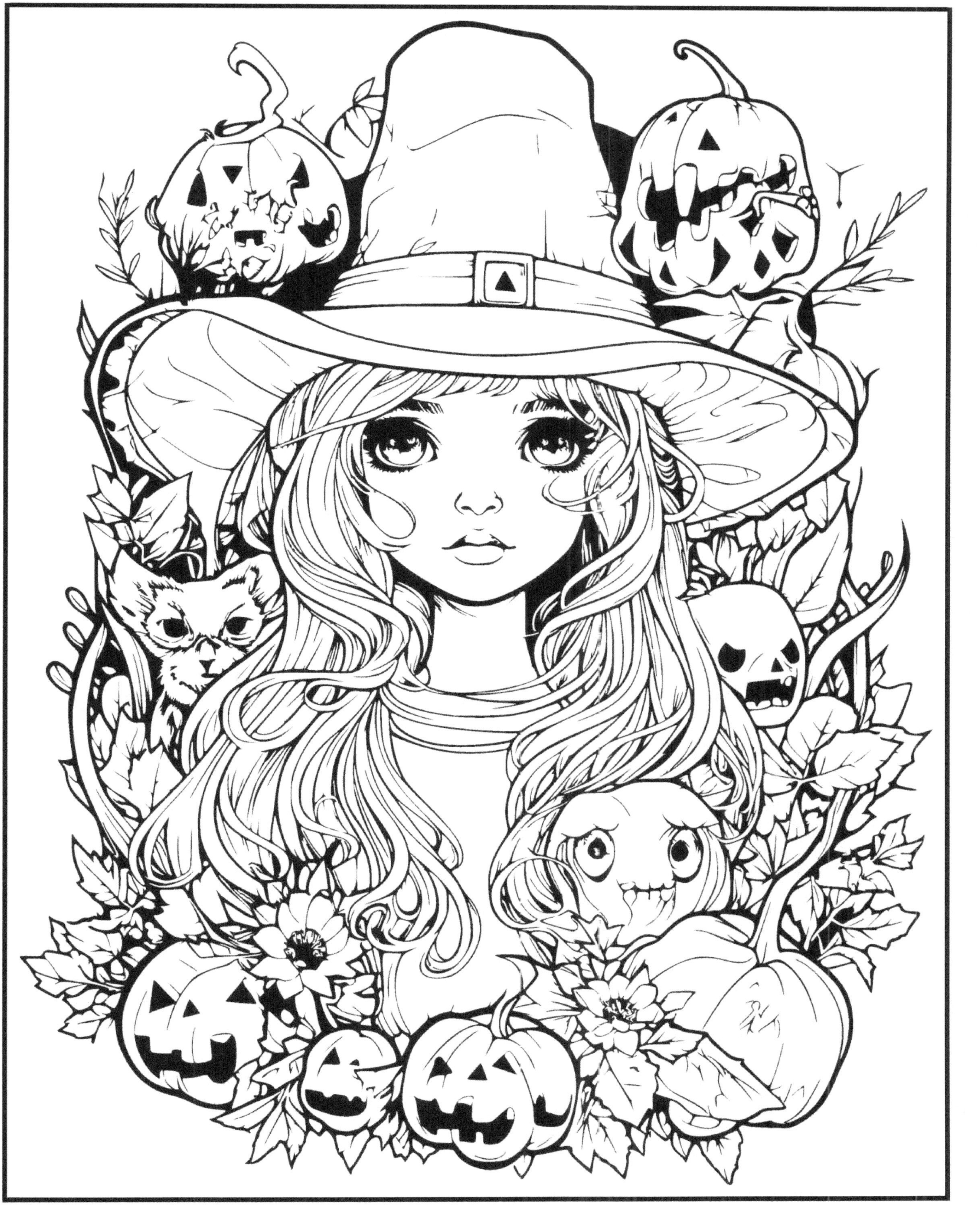

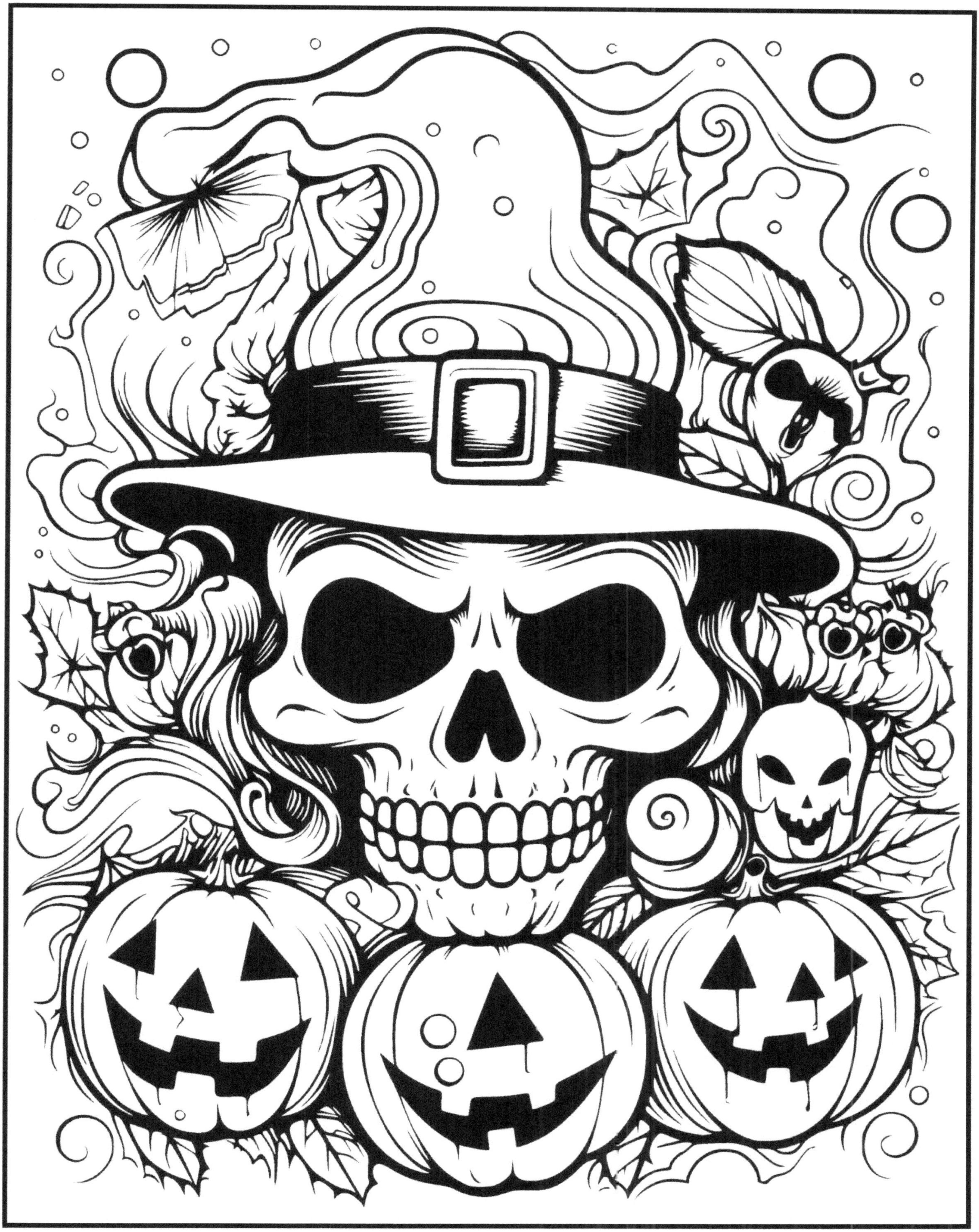

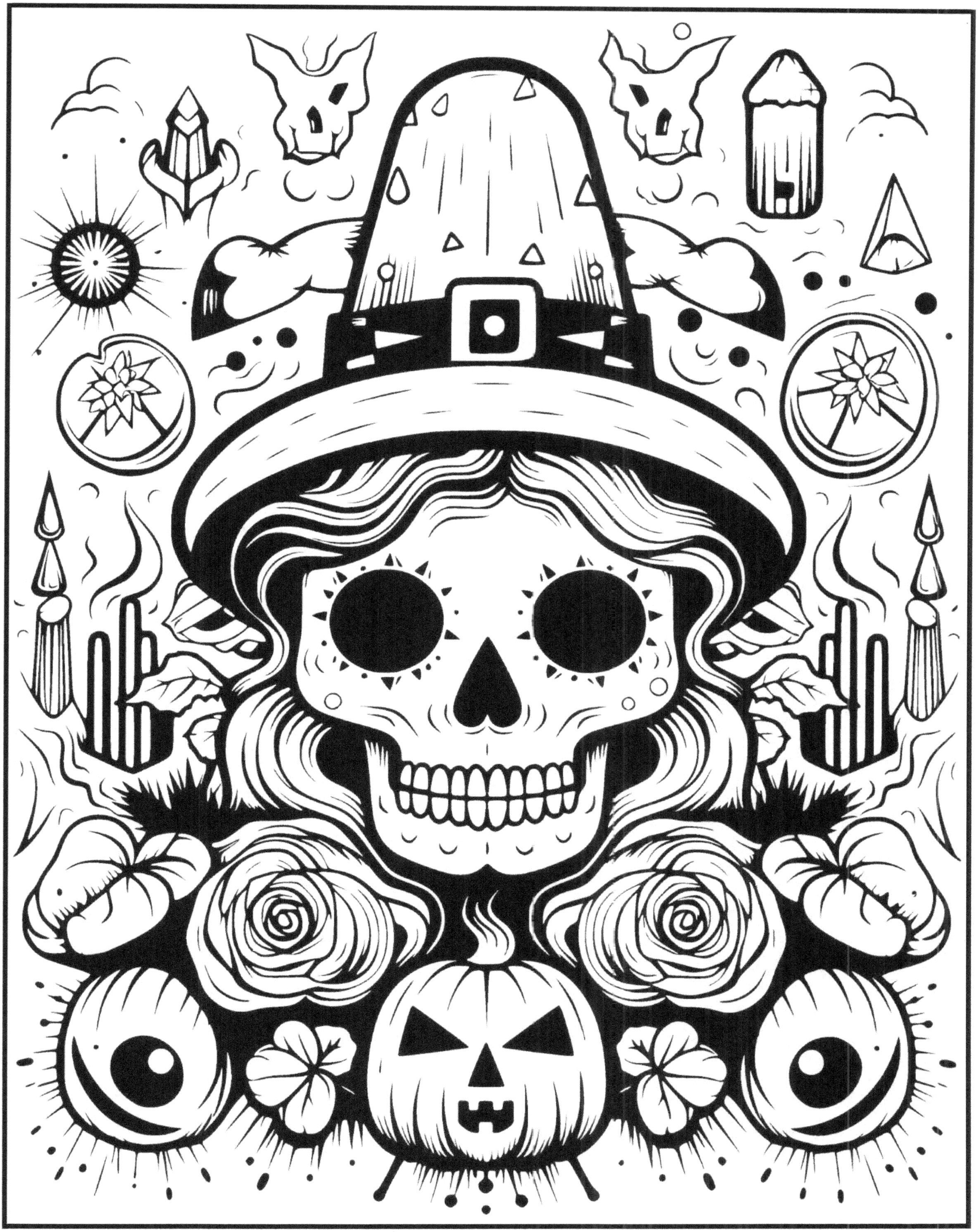

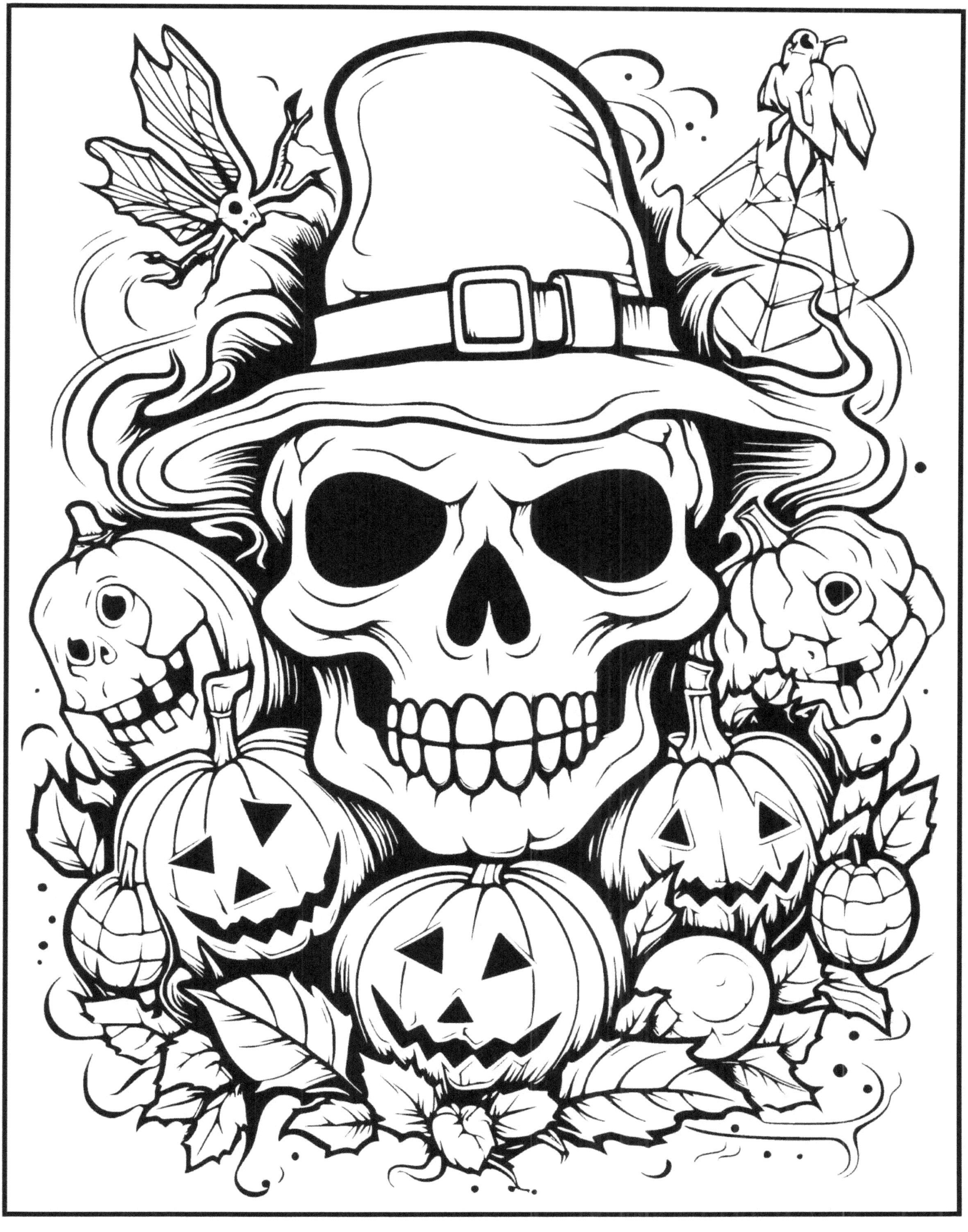

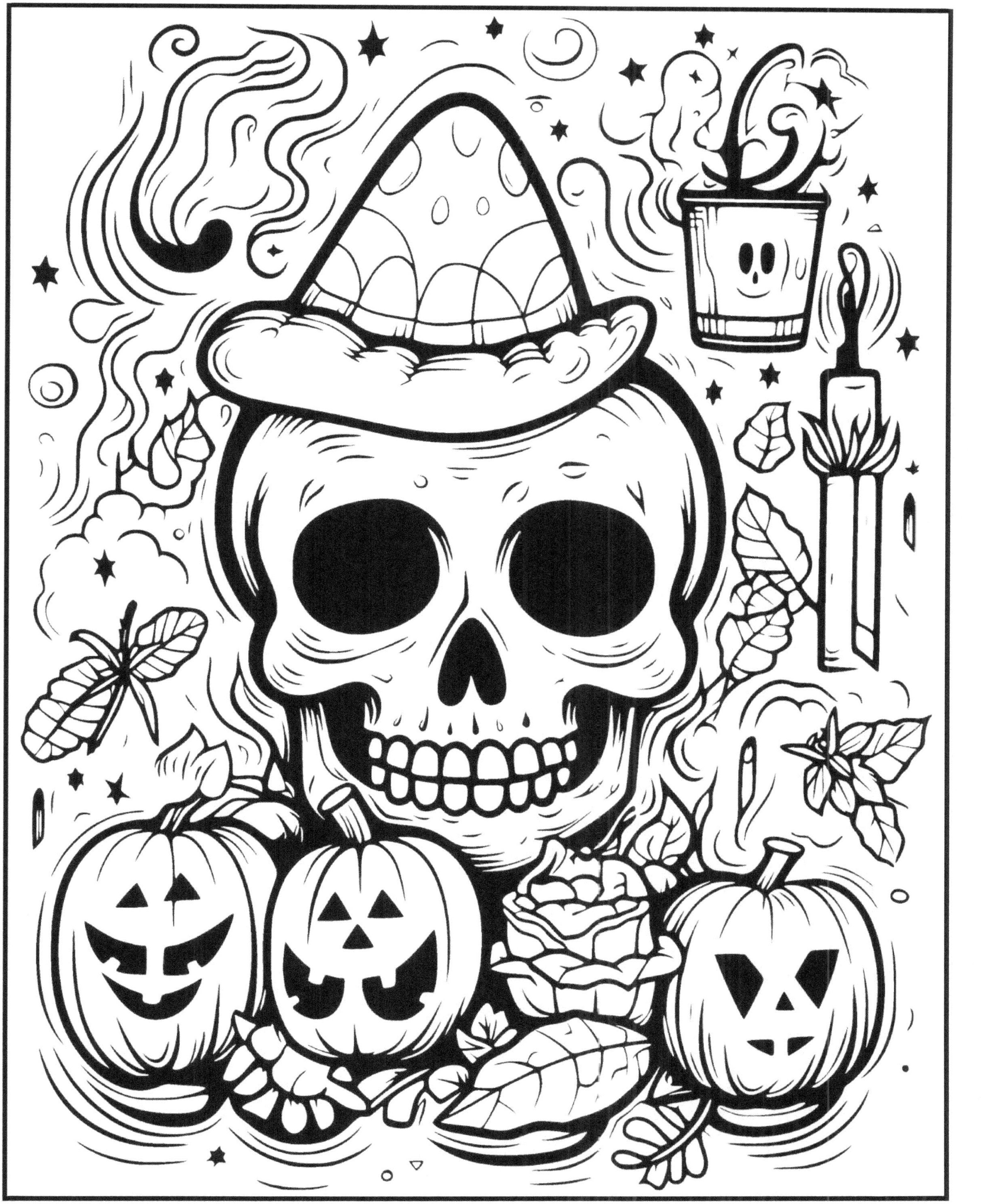

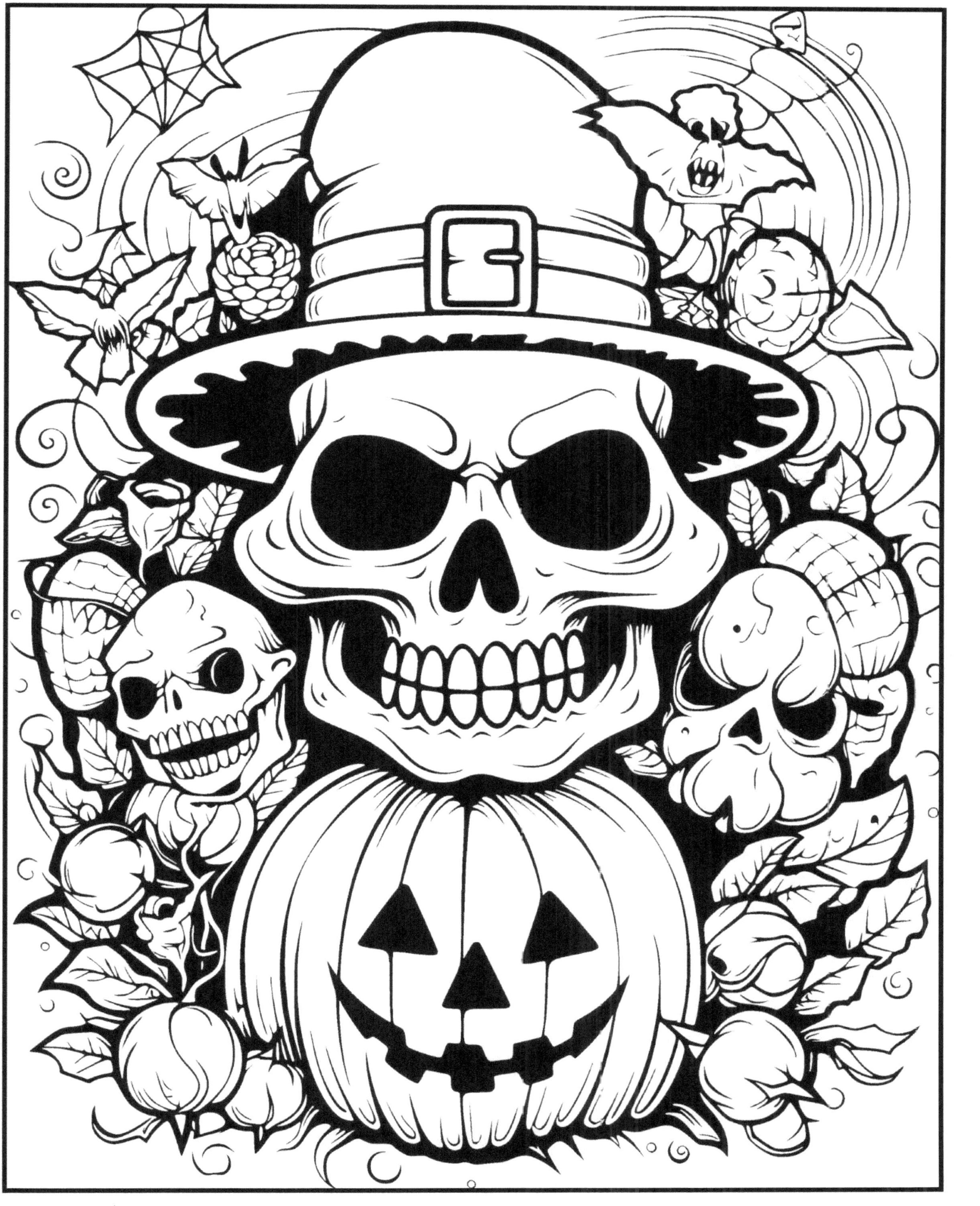

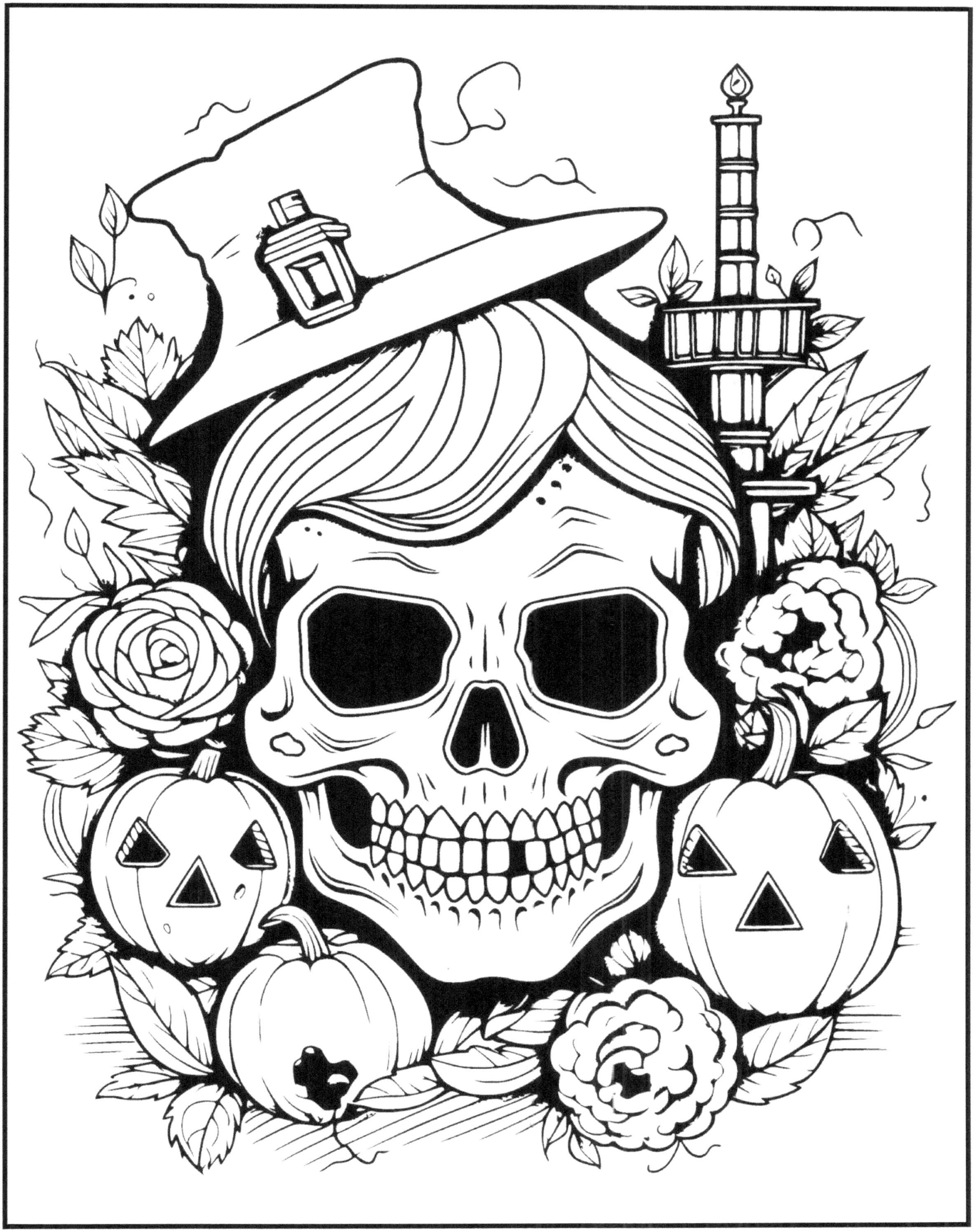

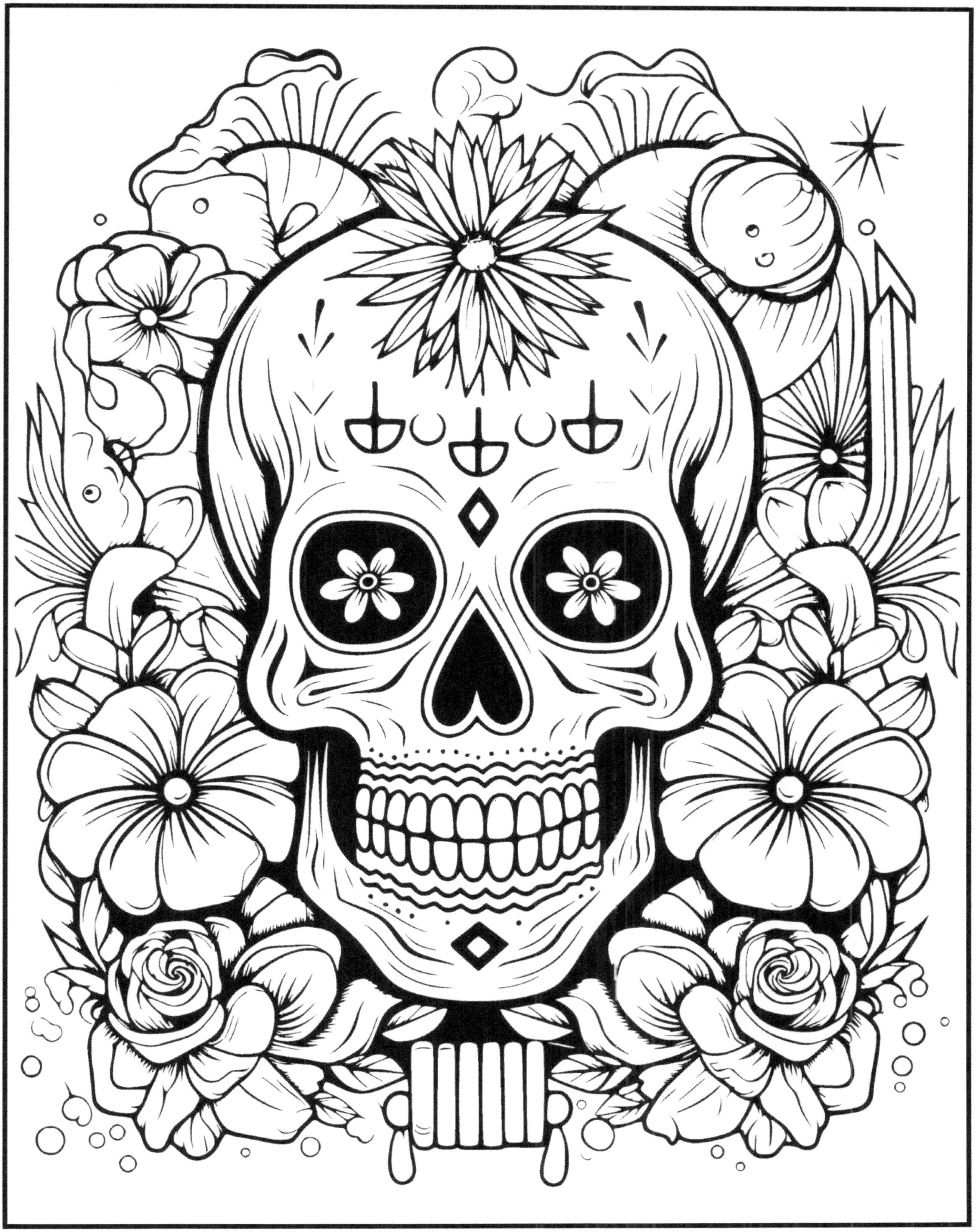

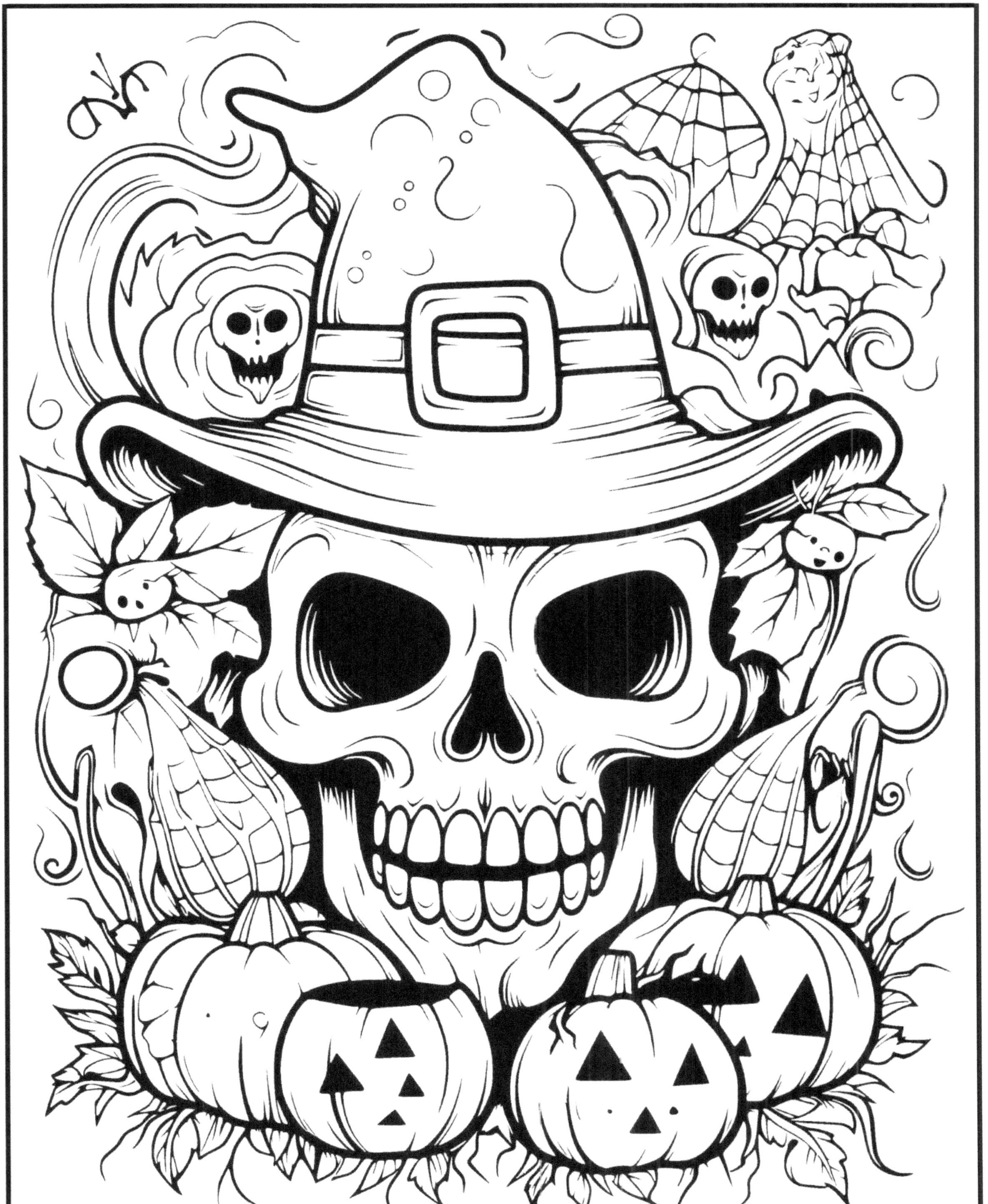

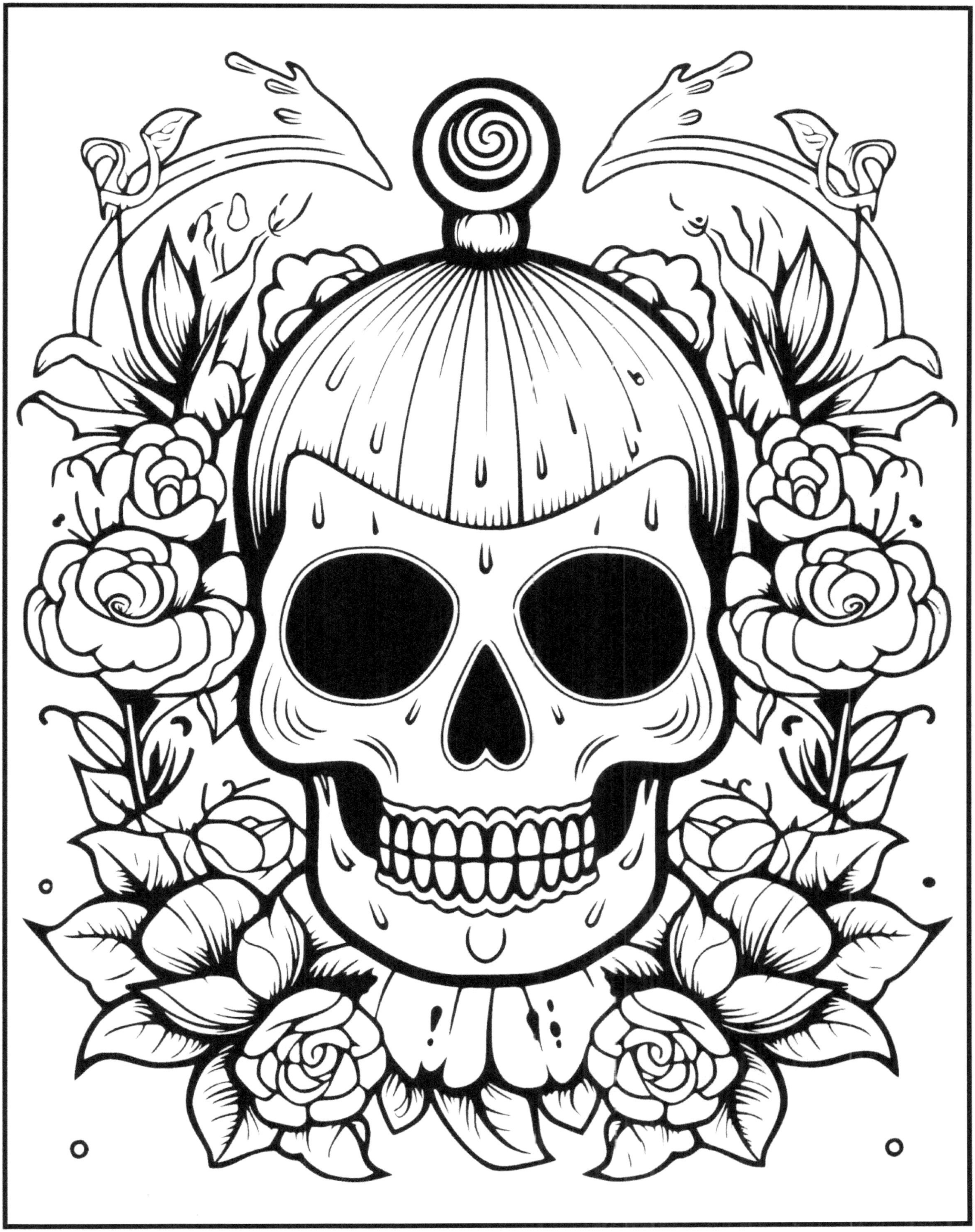

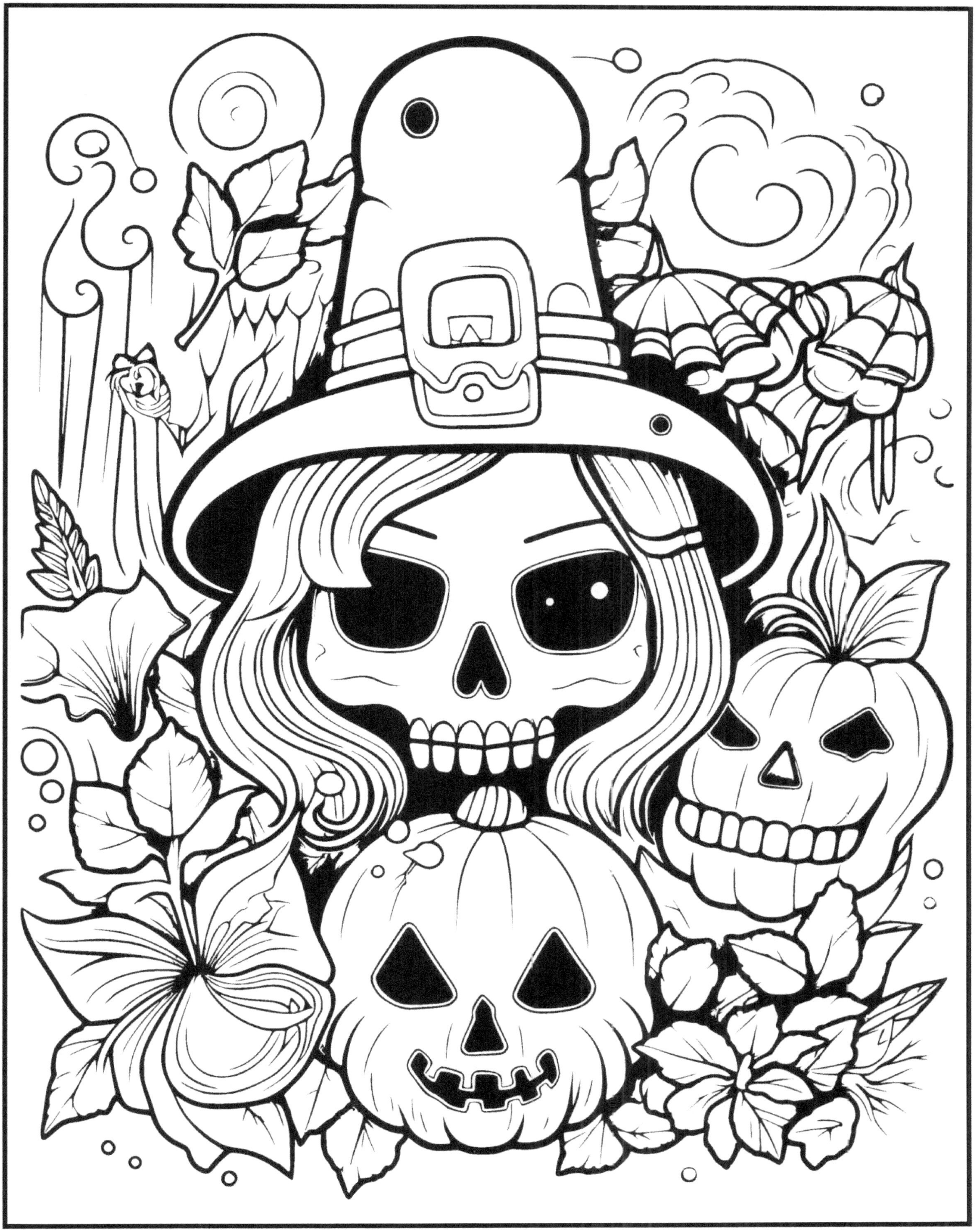

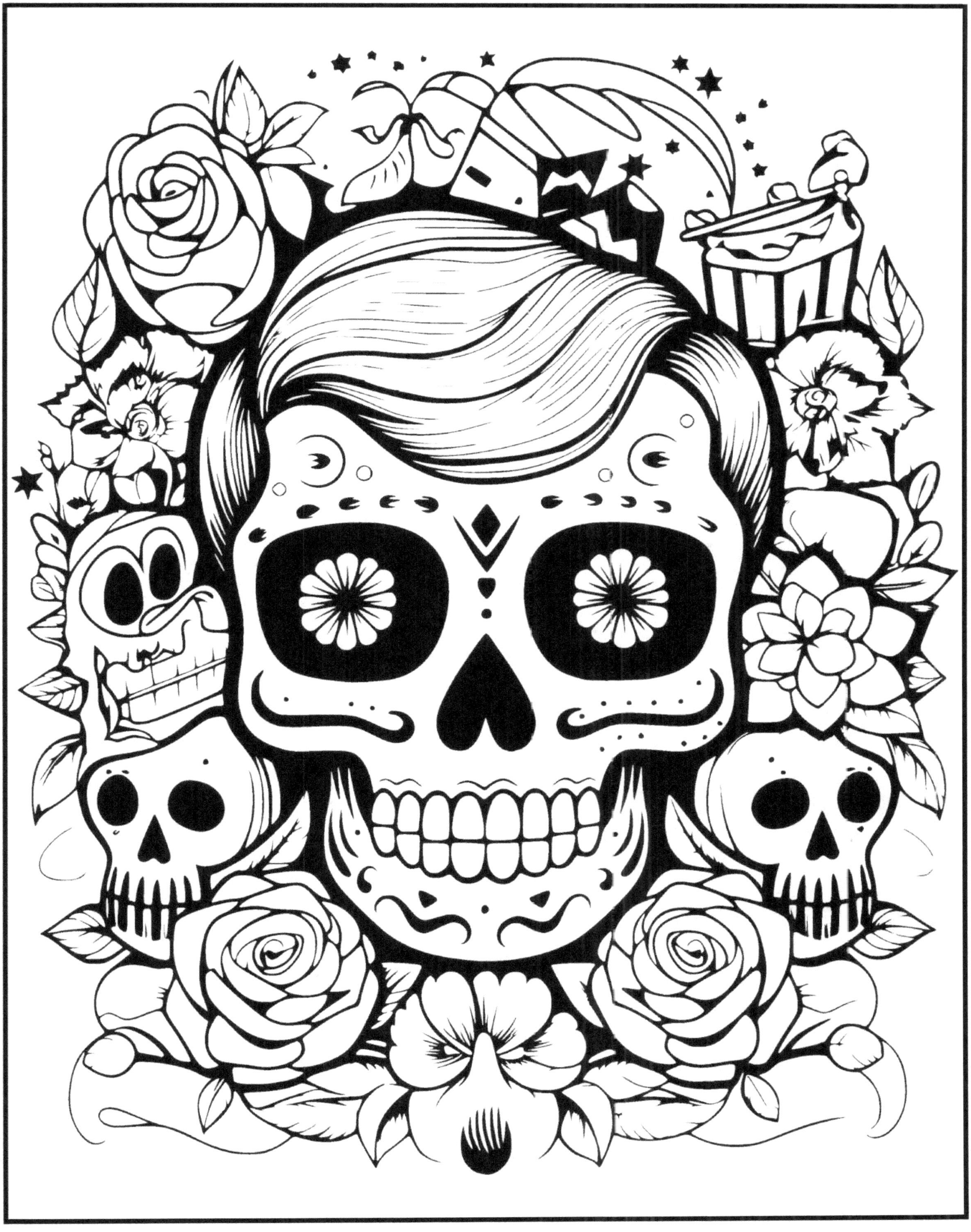

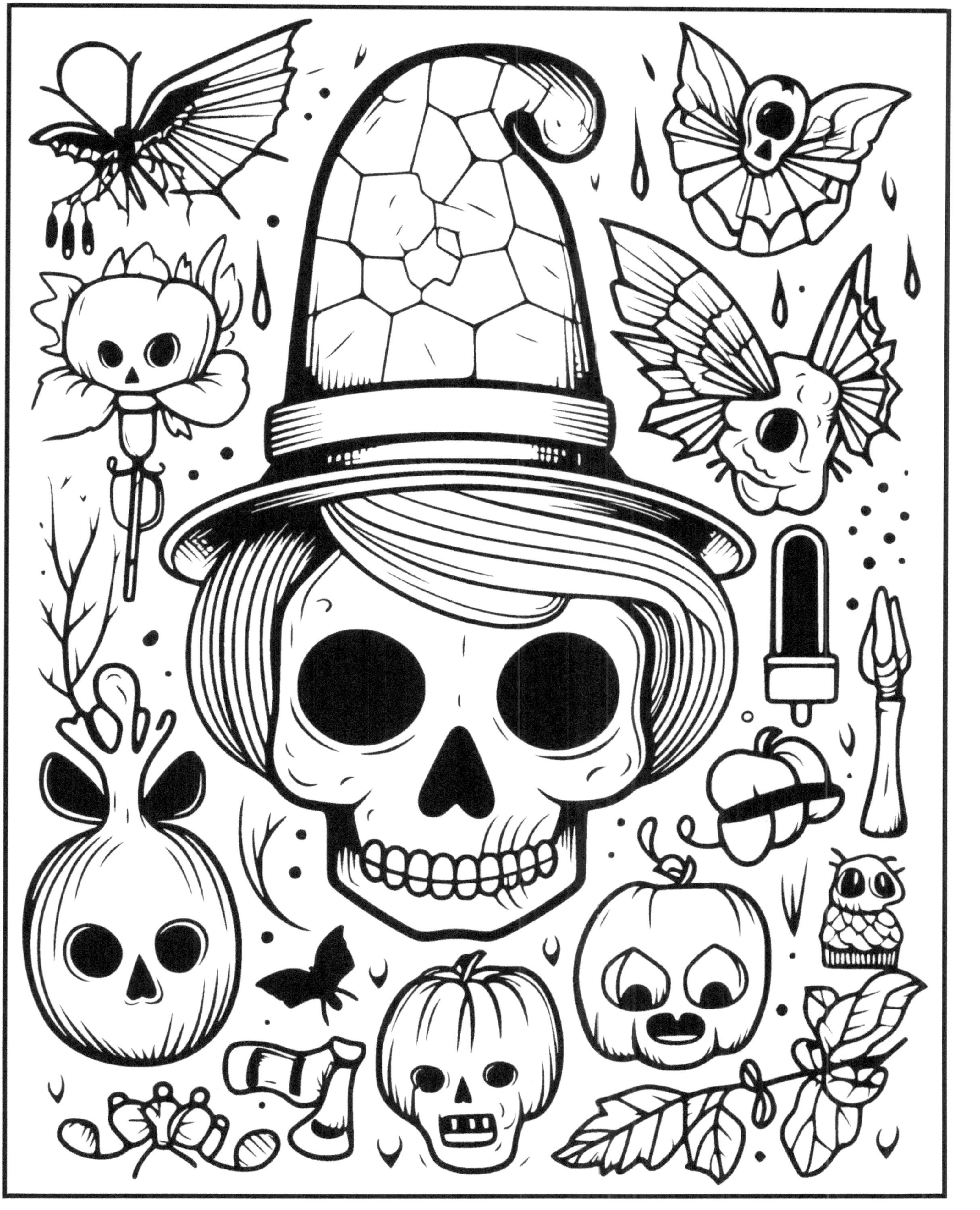

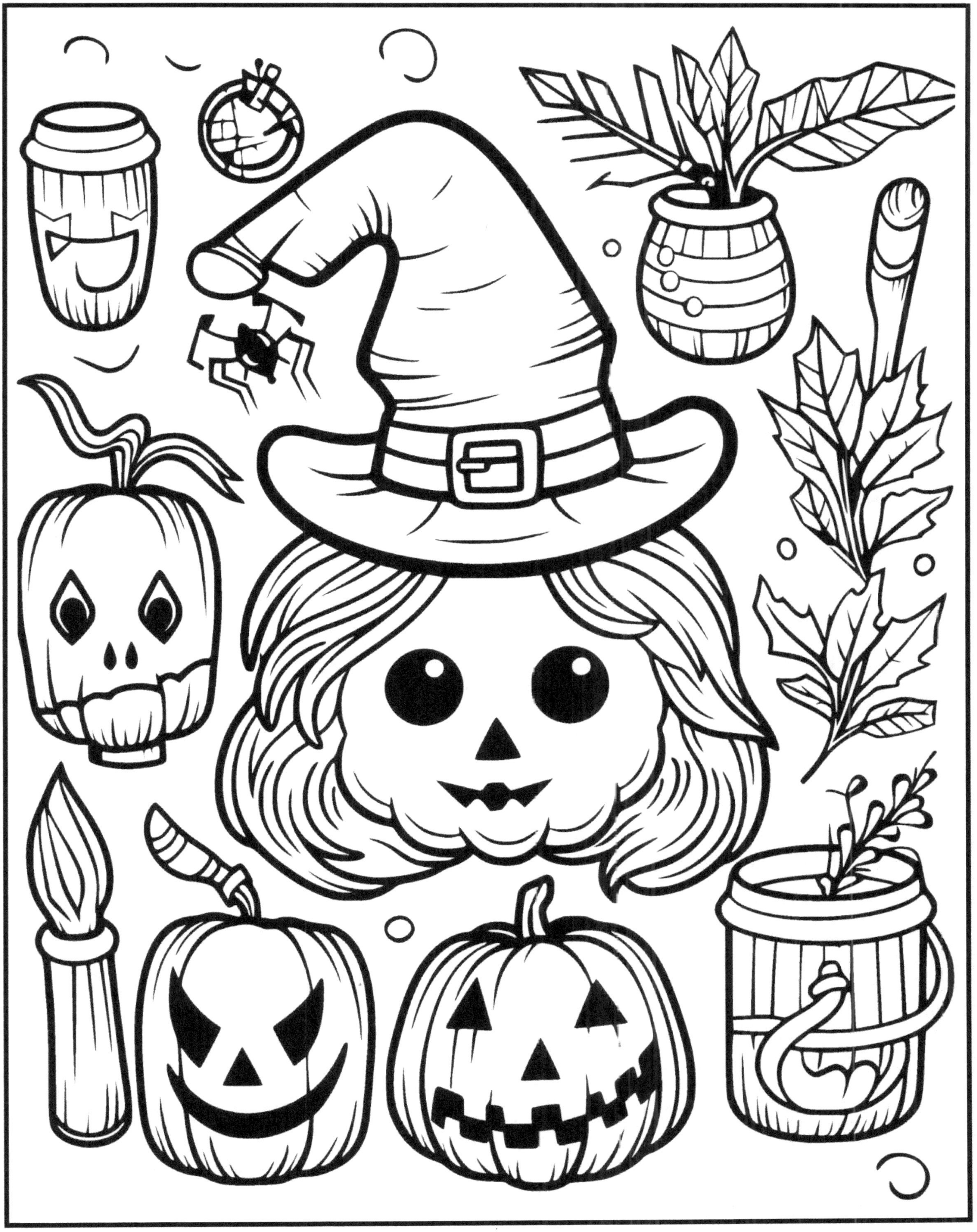

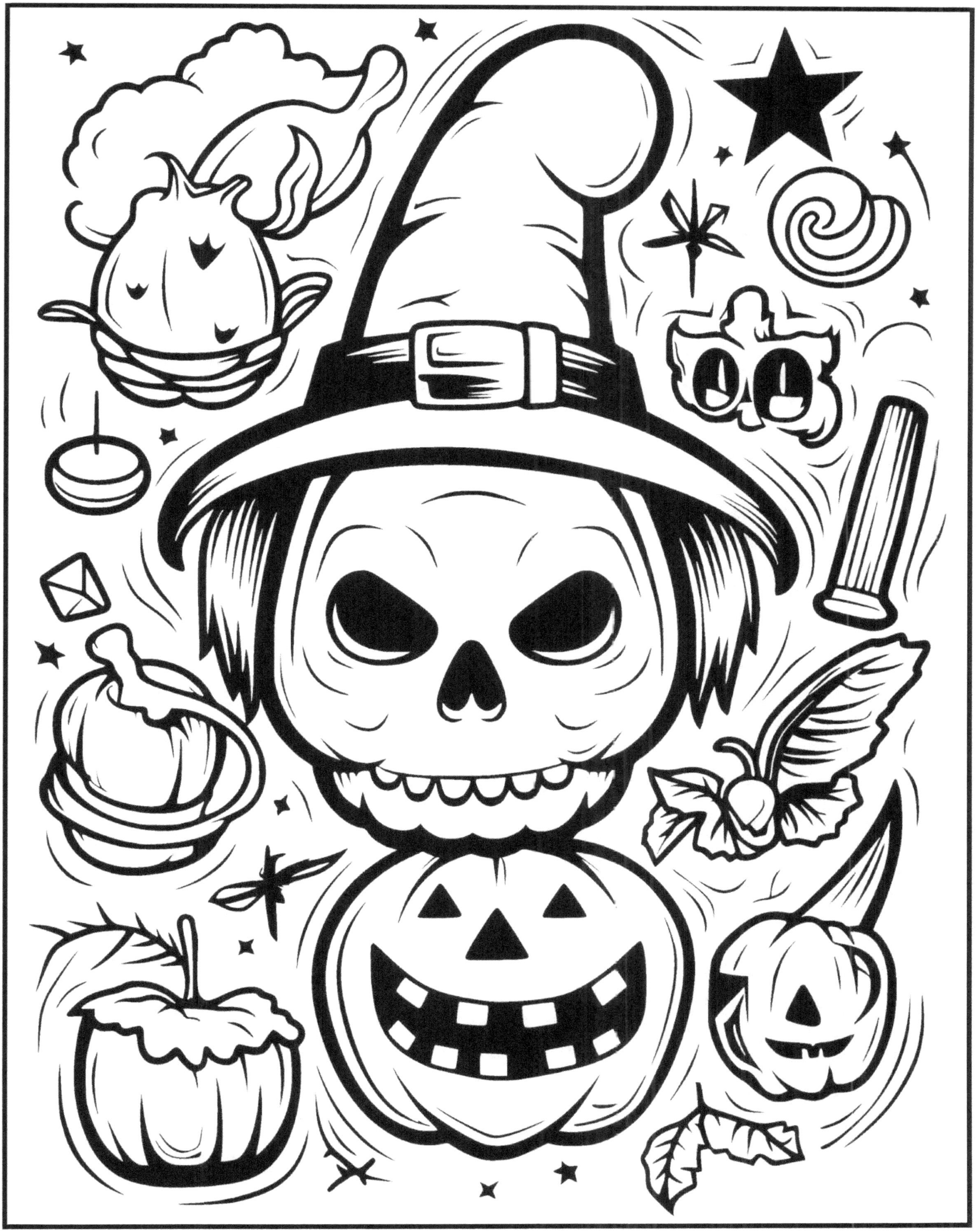

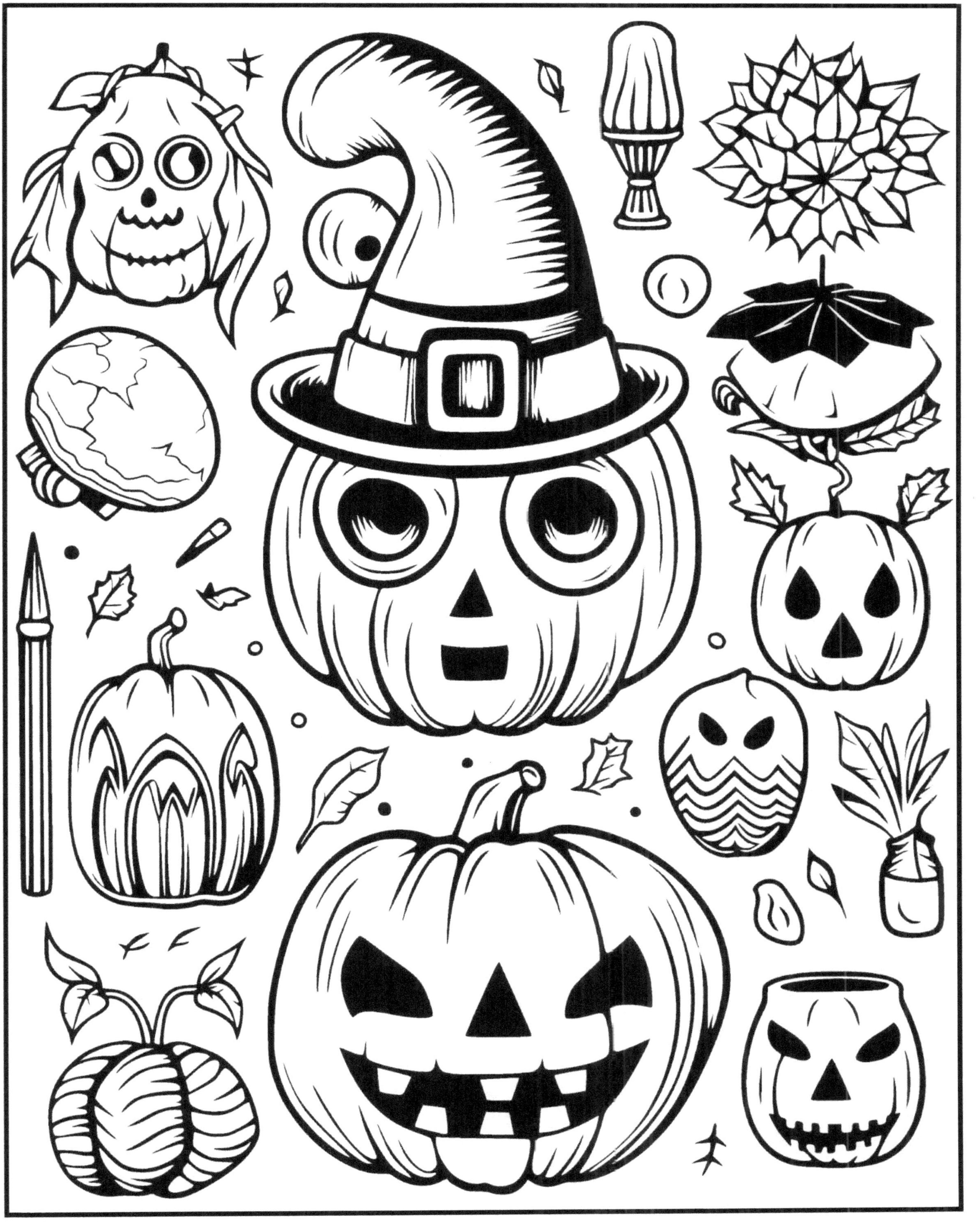

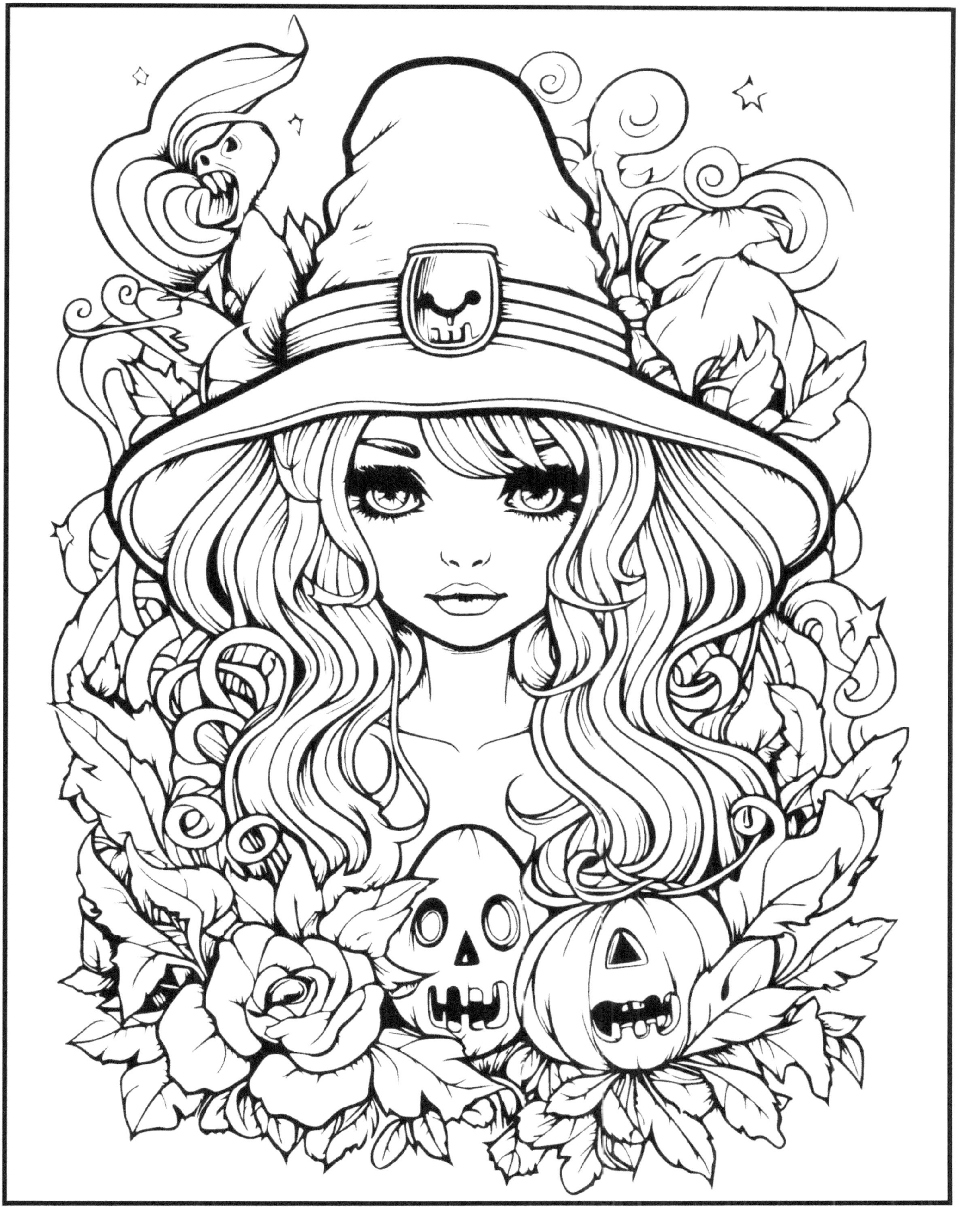

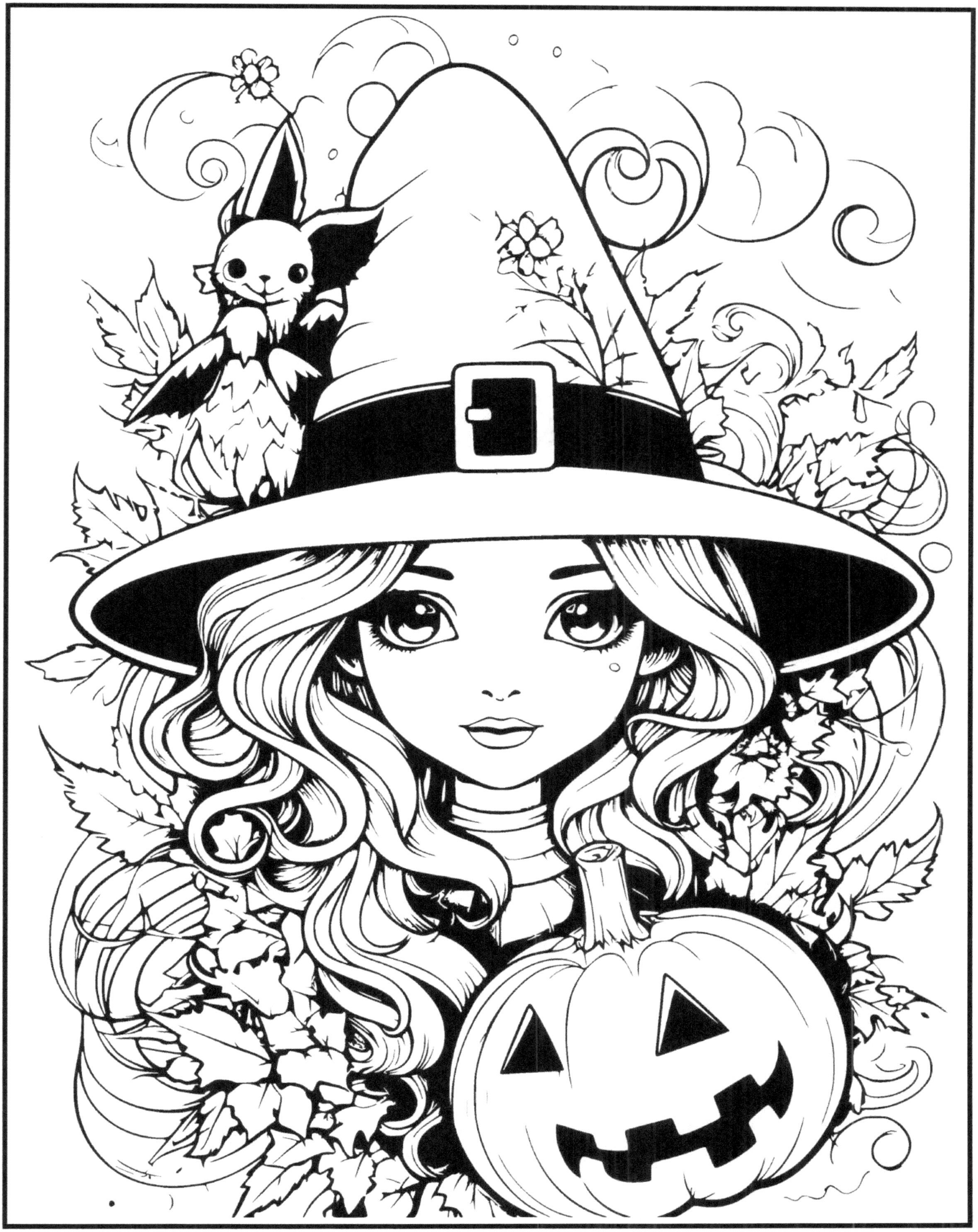

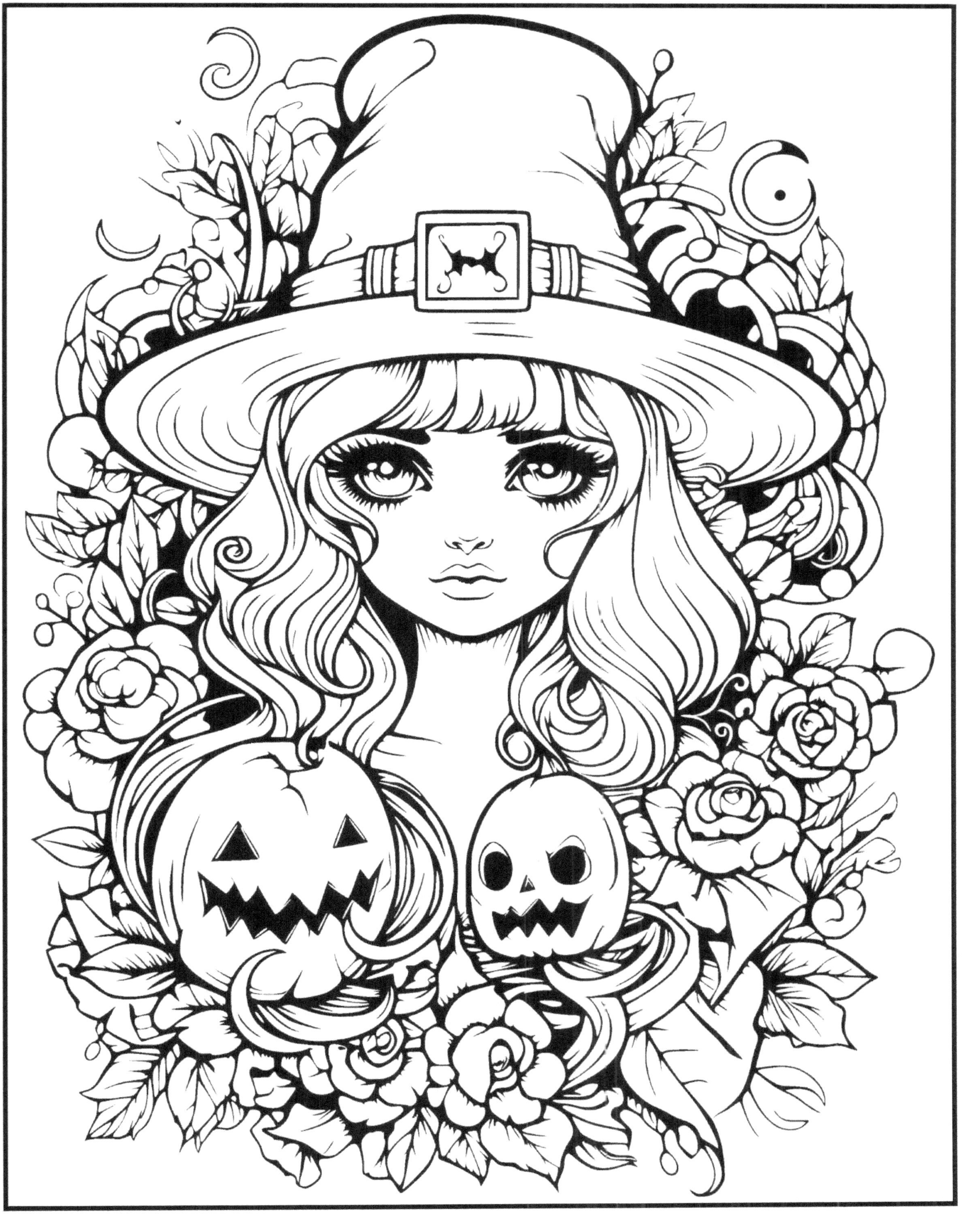

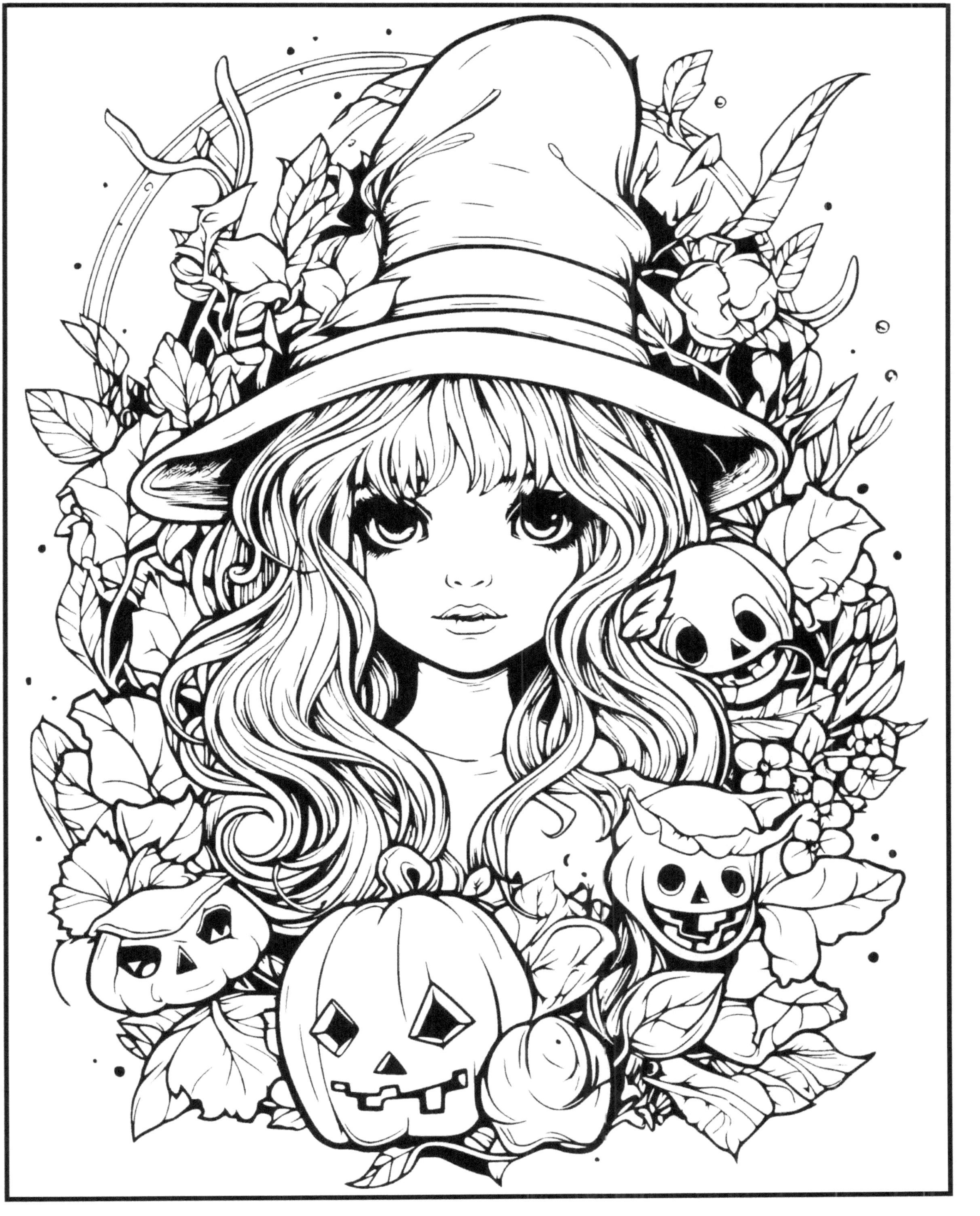

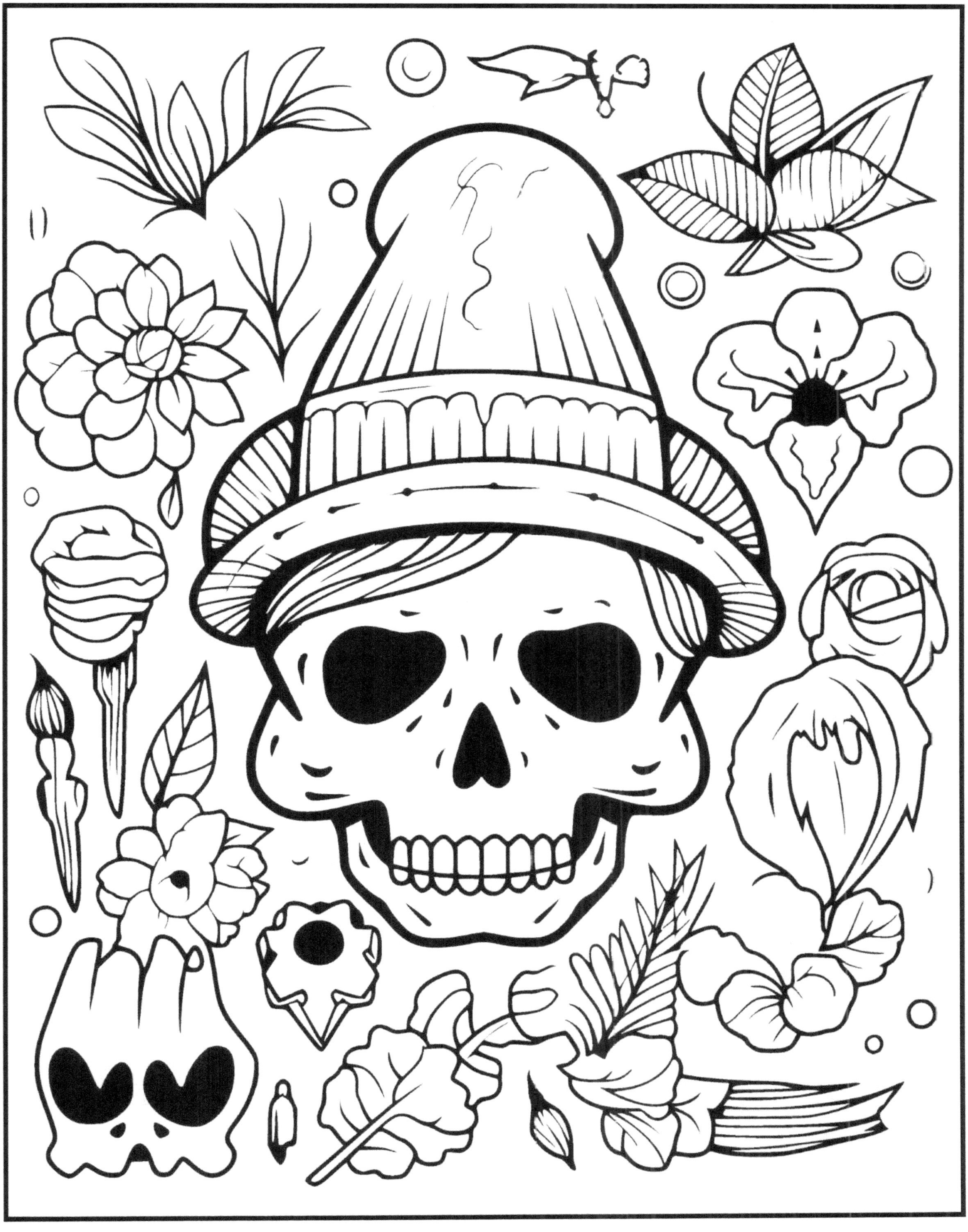

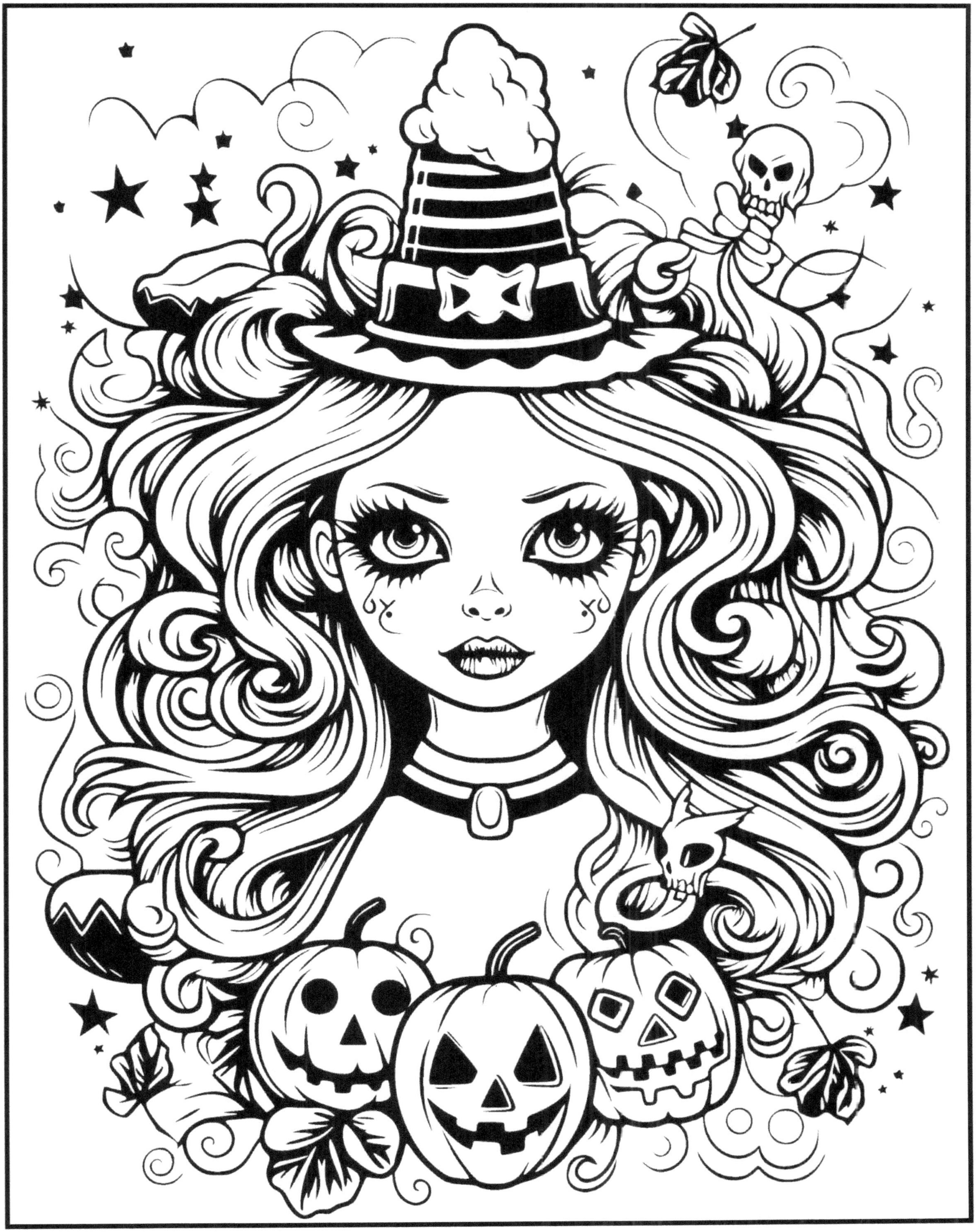

www.ingramcontent.com/pod-product-compliance
Lightning Source LLC
Chambersburg PA
CBHW082146290526
45794CB00008B/3180
* 9 7 9 8 8 6 3 8 3 6 5 0 8 *